好女人像毒藥，讓男人惹不起也戒不掉！

欣西亞一巴掌呼醒你之後的犀利愛情真言

推薦序 1

回憶起第一印象，是在陶晶瑩學姊的「女人２３４」節目中，遠目看著欣西亞，她坐在土象星座的女人區，健康的膚色，陽光的笑容，友善率真毫不做作，犀利的眼神明示著，這是個戰鬥力滿溢的女生。第二次很有意思，在一場國際時尚雜誌GQ的紳士挑戰賽裡，我們是兩位評審，比鄰而坐一整天，討論了很多關於男人的二三事，她驗證了我的第一印象：你表面所看到的是怎樣，她內在也就是這樣。

於是寫這段準暢銷書推薦序時，我腦中所浮現的是：欣西亞是個詭異的星座個案，之所以用這個形容詞，是因為從她身上，似乎推翻了很多金牛女人的特質：「言語犀利，溝通直爽，思想前衛，舉止生猛」。前述這些，活脫脫是關於火象女人的形容詞，也許，還參雜了一部分風象女人灑脫的元素；但，欣西亞的金牛藏到哪裡去了？

若你試圖從生活面感情觀來細看文字時，金牛原來紮紮實實地烙印在她的靈魂中，一旦我愛上了你，必須《飄洋過海追上你》是金牛強大的執念與打死不退的固執與堅持；《衝破下體低潮》以圖追求永恆的高潮，是好色且肉慾的金牛，幸福必須的需求面；《我知道你愛得很用力，但還是要一巴掌呼醒你》是金牛不易昏頭的理性天賦，拒絕被感性擊敗所致。

畢竟有多少能力就辦多少事，土象女人就是這麼看人生的。她一路以來，不斷把金牛的特質展現得淋漓盡致，以實證講道理給你聽：幸福過人生，若我能，你當然也行！Shane 則用十五年經歷告訴大家，欣西亞是他上癮戒不掉的迷人毒藥，畢竟結婚這麼久還像初戀時一般恩愛，實在是不可思議到令人膜拜。

這本書將會告訴你，這對幸福男女是如何在兩人世界裡，尋求異業結盟、優勢互補、資源共享、攜手走向未來的，快從書中來一窺究竟吧！

星星教授／**安格斯**

推薦序 2

小野洋子說過：「一個人所夢想的，就只是夢想而已；跟著某個人一起看見的夢想則是現實。」欣西亞不同於他人的異國戀情，從為愛走天涯到把先生帶回台灣一起築夢，這段婚姻跟寫作都是她的夢想，也都實現了。在這次的新作品中，甜美的欣西亞把性與愛寫得活潑有趣，讓人體會「性是享受、愛是責任」。

「性愛、性愛」性與愛是分不開的，但在亞洲傳統的民族文化之下，總是習慣將兩者分開，前者只做不說，後者說的如大雪般漫天紛飛卻不見得實踐。認識欣西亞多年，她透過文章分享自己對愛的勇敢追尋，對性在婚姻關係中的重要，耳提面命的希望讓更多戀愛中的男女，勿因一時「性」起而結合，因不再有性而貌合神離。

女人其實都知道男人的那些小伎倆，因為我們都是從女孩蛻變而來的，在一次次的眼淚中成長，在絕望中瞭解男人也認識了自己。總是與真愛擦身而過的人，永遠懷著白馬王子有一天出現的期待；愛一回傷一回的人，奢望著平凡的幸福。欣西亞的文章告訴女性朋友，其實要得到愛情並不難，要如何找到一生中對的人及如何在不適合的愛情全身而退，這些在坊間的愛情小說中是看不到的。

愛情是婚姻的基石，每對佳偶都是在眾人的祝福中走在紅毯上，就像童話裡每位公主與王子，觀眾看到的都只有前段，紅毯後續的故事才是人生的開始。婚姻的經營當然不是只有「性」事，欣西亞的文章讓讀者了解，在每次的歡愉可以觀察自己是否事前事後都一樣開心，伴侶是否可以溝通、可以體諒，甚至可以照顧妳，女人要勇敢表達自己在愛與性中的各種感覺，讓每段愛情都能因愛結合，也能延續到美好的婚姻生活。

最後老話一句，女孩們要學會保護自己，睜大眼睛仔細認清，妳將能夠遇見更好的人。謝謝欣西亞再一次找我寫推薦序，更期待欣西亞持續創作。

正聲廣播公司「台北在飛躍」節目主持人／**宛志蘋**

欣西亞其實是個小女人！第一眼看到欣西亞，會覺得她是個很符合我們對「洋妞」定義的女生。直接、大喇喇、勇於表達自己、對性事落落大方、喜歡曬黑而不是美白……，她跟Shane的感情也是真的好，不只是定期一起旅行或看電影，而是真的有生活夥伴的感覺，任何事都有商有量的。

不過我發現一件他們夫妻間很有趣的事：每次跟欣西亞講電話，不管當時聊心事聊到多掏心掏肺、講八卦講到多高潮迭起，只要Shane出現，不用五分鐘，欣西亞就會說：「Shane工作回家了／午覺睡醒了／肚子餓了……先這樣，下次再聊，bye～」我老覺得，這才是人家夫妻感情好的最大原因之一。

不不不！我不是要說欣西亞私底下是個小女人，而是「兩個人就是互相尊重，不分大小」的概念，才是我覺得她真正最洋派的地方。她不是大女人，也不是小女人，她就是她自己。她有很多經營感情生活的妙招，床上是一大重點，如果只把那些當「性愛小撇步」看，實在是太浪費了，我覺得重點是，她很肯花時間去經營、去在乎另一半喜歡什麼，她很在乎另一半，但那跟什麼女性獨不獨立、自不自主，根本就無關。如果打開這本書的妳，是頭一次看欣西亞的文章，大概會被她超級辛辣又敢講的風格嚇到，但是老讀者看久了就會看出況味來，就像舀了一口麻婆豆腐進嘴，嗆辣麻的感覺過去之後，還有豆腐的嫩、豬肉的鮮甜。總之，欣西亞大概就是那種穿著三點式泳裝插腰走出來，耳提面命告訴妳：想要擁有快樂的婚姻生活就得花時間經營，這跟想要身材好就得花時間健身是一樣的道理吧！

噢！我特別喜歡整本書裡提到價值觀不相同的那一篇。欣西亞想喝星巴克，但Shane覺得便利商店咖啡就很好，於是各退一步，買一杯星巴克一起分享。你侃侃，人家早就已經完全跳過「他是不是不夠愛我，所以不肯為我花錢」這種自憐式鬼打牆了！溝通、折衷，主動想辦法找出解決之道，才是欣西亞要告訴大家的事吧！

暢銷作家／密絲飄

推薦序 4

好女人就是……不依賴誰的女人！新時代的好女人標準是自己訂的，不是像以前，好都是別人訂的，那樣的好都是因為別人滿不滿意，不是因為你覺得幸福。

好的女人的好，不是誰可以認定的，尤其最不該拿這標準去抨擊人，光是這個態度就不可能是好。如果這個好對女人是真的好，更應該配上同樣高度的態度去給予，而不是訓話。

好女人的好是要與時俱進的，所以女人要保有一種能夠自省的彈性，這樣才不會頭腦太硬無法調整，才不會把別人的期待當唯一準則或排斥新觀念。

作家／**許常德**

推薦序 5

好女人是什麼呢？在文化的影響下，我們似乎總有一套框架式與想法，身為不同性別的其中一方，我們懷抱著對彼此的主觀偏見——親密關係中的代溝與問題，很多時候，對好女人的定義會因為這些說不出口的框架而產生。

然而這卻是欣西亞迷人的地方。我與她在電視台認識，見識她的熱情大方、自由自在，隨心所欲地說出自己的觀點，卻字字珠璣地撥開我們內在的固執，帶領大家看見關係的另一種可能性。

或許是因為欣西亞本是如此，又或者是因為那生長於不同文化的另一半，總能陪伴她享受關係的溫柔，回到真實的自我。每每看到這對夫妻的生活趣事，我總是會心一笑，提醒自己別忘了真誠。

在兩性關係裡、生活中，痛苦是不可避免。找到一些讓自己活下去的樂趣，是身為好女人一件很重要的事。

諮商心理師／**許皓宜**

自序

全面升級女人力，進化妳的「好女人」基因

還記得出版上一本書《我知道你愛得很用力，但還是要一巴掌呼醒你》，欣西亞剛被裁員，那種滋味就像是被穩定交往的男友突然甩掉一般，除了錯愕，還參雜著「我是不是哪裡不夠好？」的自我檢討。

後來我才發覺，在台灣充斥著慣老闆的就業環境，乖、聽話跟順從是好員工基本守則。然而事實證明，屈就和容忍只會讓對方得寸進尺。更可怕的是，它還不是幸福的保證。如同好女人面對愛情時，如果妳的好氾濫到活得不像自己，氾濫到男人呼之即來揮之即去，那這種好也只是濫好人的好。然後，找欣西亞訴苦時還會被我罵說：「別再犯賤！」忠言逆耳，實話難聽，但各位愛得愈盲目用力，我也只能 send tree pay 巴掌呼得愈劈啪過癮，就是希望你們這些鬼遮眼的人趕快醒過來！

我知道妳想當個「好女人」，讓男人願意白頭偕老，公婆和地方媽媽攏歐漏（台語：稱讚），然而在 Google 鍵入這三個字，一首歌的歌詞映入眼簾：「做個好女人，再多的容忍都是對自己殘忍……」所以，我想告訴各位：妳可以是好女人，但別委屈自己活成別人口中的好，因為這不是好，這叫「孬」。所以，請拿回屬於妳的愛情和人生主導權。

「女人，別當男人手裡的香菸，被利用完就像菸灰被輕易彈掉，要當就當讓男人上癮的毒藥：要嘛，惹不起；要嘛，戒不掉！」是我在書裡面提到的；「好女人」的定義再也不是溫良恭儉讓，而是有智慧懂手段，會獨立有自信。「好女人」也許不是這個社會大眾口中典型的賢妻良母，但我們用別人無法替代的方式創造自己的價值，是溫柔小女人，也是堅強女漢子，在必要的時候同樣能為男人撐起一片天，做他遮風避雨的大傘；不僅是因為妳願意，更是因為妳……很可以。

真正的毒藥令人上癮，Christian Dior 的 Poison 香水則教人癡迷；同樣一個字可以有很多意義，不一定是完全的使壞，也不一定充滿危險氣息，所以我覺得好女人是毒藥，讓男人從談戀愛到走入婚姻，無論在愛情的哪個階段都會產生：習慣性↓妳不在他會坐立難安，耐用力↓他對妳的愛與日俱增，以及依賴性↓他根本沒辦法失去妳，一輩子都無可自拔。只因為妳是他的毒藥，也是他的解藥。

趕快翻開、閱讀這本書，準備升級妳的女人力。然後，期待妳用自己的方式，詮釋這最有力道的三個字，全面進化、升級妳的「好女人」基因！

contents

CHAPTER 1

CHAPTER 2

好女人像毒藥，男人要嘛，惹不起，要嘛，戒不掉

CHAPTER

3

婚姻是一場利益交換

CHAPTER

4

不要怕和世界不一樣

Chapter

1

要男人勃起很簡單，要他愛妳卻很難

如果妳跟他的相處都只在床事，這關係就別再睜眼說瞎話了……

1

男人說「喜歡」卻沒要交往的心態

「他說他有心動，只是還沒要跟我交往，請問他在想什麼？」

「兩個人什麼都做了，他卻還沒說要當男女朋友，到底是什麼緣故？」

「都已經曖昧了這麼久了，為什麼他遲遲不開口告白？」

常碰到很多在愛裡糾結的女生問欣西亞上述問題，將她們的疑惑用一句話總結，就是：男人確實是喜歡自己的，但就沒想要跟我定下來。在多數女孩的認知當中，「喜歡就在一起」似乎是天經地義不需爭辯的事，但有些男人就是不曉得到底在婆媽什麼，態度不溫不火，腳步不疾不徐，整個很 free style，於是你們之間形成一種「友達以上，戀人未滿」的處境，他不覺得尷尬，妳已快失去耐性。

鼓起勇氣詢問對方，得到的回答不外乎是：「我還沒準備好」、「時機還沒成熟」、「目前還不適合」這種滿意度零的答案。看來願意打開天窗說亮話的男生少之又少，或許是不想傷害女孩的玻璃心，也不想被罵混帳王八蛋，所以只能用「妳很好，是我狀況不佳」、「問題出在我身上」當作最好的安全牌。所以，關於男人說喜歡妳卻不和妳交往的心態是什麼？就讓欣西亞來為各位解惑吧！

我們一起來想像一下，妳最近萌生鍛鍊體態的想法，除了調整飲食，也決定去健身房看看環境，除了了解它所提供的體能訓練跟有氧課程，也順便體驗裡頭的設施。於是妳預約好時間，身穿運動服在健身房和教練碰面，他帶著妳拉筋暖身，先在跑步機上小動一下，然後示範各種重量訓練機器該如何使用，最後妳在溫水游泳池暢游快一千公尺，也用了蒸氣室和烤箱，就這樣度過一個美好的時光，在妳步出大門之前，健身房業務提供兩個方案：A是新台幣兩千元，以「次」計算，但只限當日進出，B是新台幣兩萬元，會員期效兩年，期間不限進出及次數。請問，妳選擇哪一個？

如果把兩性關係比喻為上述方案，妳等於健身房，男人就是能簽約成交的潛在客戶。多數男人基本上都是喜歡跑健身房和運動的，雖然呼朋引伴打籃球也不錯，但氣候不佳或籃球場給人占走就no素，健身房有冷氣吹還有很多稀奇的玩意兒可用，總之「有在上健身房」這句話聽起來就是比較潮，說出來好像已經成功脫魯，但缺點是要花錢，像是場地清潔費或器材保養費，不過女人就跟健身房一樣需要些銀兩維護，所以他們大概也不會碎嘴什麼。然而，重點來了，上健身房最大的關鍵就是要不要「加入會員」，問他喜不喜歡裡頭的環境，他一定說喜歡，想不想要繼續使用裡頭的設施？也一定想要，阿嗯勾一想到要被「同家健身房」綁約兩三年，欸豆……那就再看看吧！如果真的想用，了不起花個兩千塊，雖然沒B方案划算，但看在「有用才付錢，使用者付費」的份兒上，似乎強過加入會員，因為加入不一定用得到，有時候好不容易心血來潮要去運動（＝在床上跟妳一起one more, two more），結果場地維修消毒（＝女友心情不佳），或是本日公休（＝妳姨媽正好報到）而沒得用也是常有之事啊……（吶喊）

還不明瞭？在我再舉例，這也跟女生去做馬殺雞桑一下是同樣意思，現今足體養生館、泰式按摩林立，它們也多有一次性消費跟買禮券的區別，如果妳選擇前者，想想為何不購買後者的原因？除了覺得市場選擇這麼多，何苦將自己限制在同一個地方，倒不如看哪家順眼就跑哪家，也不用擔心浪費錢，況且每家店的師父顏質、手法都不一樣，買禮券綁住簡直可惜，再加上每家店不定時推出優惠，買禮券不一定撿得到好康，似乎也不太划算。另外，若是禮券還沒用完，養生館就做不下去宣告倒閉，老闆還帶錢跑路，沒有要退回款項的意思，那豈不是虧很大？

結論就是當男人說喜歡妳，卻沒要跟妳交往是什麼心態？說穿了，就是「還沒喜歡到想把妳訂下來」。所以女生要做的就是給予刺激，教他儘快簽字，當妳的**VIP**。方法很簡單，請釋出「本健身房一堆人擠破頭要加入會員，你不加還有別人搶著要」的訊息，他真的有心，想獨占，就會迫不及待駐進當健身房老闆了，預祝大家都跟理想的對象簽約成功！

2 他只想把妳撲倒？男人想「上妳」的10大性暗示

記得網路上有一張圖說明男人的大腦幾乎百分之九十被sex這檔事占據，而一天24小時當中，他們也時常被下半身蠢蠢欲動控制著，好像時不時就精蟲上腦，血液動不動就往那一根匯集，雖然男人成天都想著f-u-c-k，但我們如何知道他現在想衝洞，接著把妳撲倒，然後right here right now立馬督進去？欣西亞整理出以下男人蠢蠢欲動，箭在弦上蓄勢待發，幾乎已經蕭兒對準口的十大性暗示：

一、午夜時分傳訊息或打電話找妳出來

美國管這個叫booty call，明明約說一起吃宵夜，目的其實是吃下面，打電話

談心是幌子，約妳出來打炮才是事實。無事不登三寶殿，有事想看妳露三點，夜深人靜的突然說要找，當然是寂寞空虛覺得冷，企圖用他的老二幫妳的爐插香。

二、送妳貼身衣服當禮物

很多男人認為送女人衣服的目的是把它們脫下來，只是看妳要自己脫還是他動手幫妳脫。如果送的是睡衣或乃撒乃扣（台語：內衣內褲），那性暗示更是明顯，除了希望親眼見證奇蹟：妳穿給他看還順便走個台步或跳個豔舞，也象徵他想當貼身衣料跟妳來個肌膚之親。

三、訊息對話動不動就講到性事或調情

明明用 line 聊天聊得好好的，男人冷不防來一句：「妳現在穿什麼？」這根本就是網路性愛的開場白，因為當妳回答完正在穿的衣著，他就會開始鉅細靡遺敘述如何解開妳身上的束縛，這對男人來說這根本是用文字挑逗的一種前戲，此時他一定幻想把妳扒光到一絲不掛的裸體，甚至已經開始打手槍，說他不想上妳根本是騙人滴。

四．他每個 move 都跟妳有肢體接觸，還把手放妳大腿上

男人把手放在女人大腿上需要很多 guts，而且必須做得不著痕跡。一開始可能是他開懷大笑然後輕拍妳大腿，看妳沒拒絕後就乾脆把手放妳大腿上「休息」，由於女人的神祕地帶就夾在雙腿之間，藉由這個動作男人可以增進情慾流動，如果還來回撫摸，他應該恨不得讓自己的阿雞濕「咻～幾壘」滑進去。

五．約妳去他家看 Netflix 或玩 game

請女人不要好傻好天真，男人邀請妳去他家看 Netflix，實際上是要看妳的ㄋㄟㄋㄟ，說要 play 蝦咪 game，當然是玩憤怒鳥然後用妳的乳頭撞他的屌啊！

六．請喝酒或頻頻灌妳酒喝

這很常發生在跑趴或上夜店的時候。男人請女人喝酒當然是為了搭訕，請一杯是他對妳有興趣，請到三杯以上那就是希望妳趕快喝醉然後他好辦事了。

七．稱讚妳聞起來好香，甚至說出妳好性感

一般台灣男人不太會直接讚美女人「性感」，因為多少讓人覺得心懷不軌，意圖也過於明顯，而且「人帥真好，人醜性騷擾」啊！所以他們會用「妳聞起來好香」代替「妳好性感」，這六個字乍聽沒啥問題，但仔細想想，女人的髮香、體香，甚至香水味，只要不過濃，一定要近距離才聞得到，代表妳渾身散發荷爾蒙讓男人想入非非，而他想更加拉近彼此的距離，「最好是在妳體內那麼近」。而外國人就比較勇於稱讚，說妳好性感，直接表明妳讓他聯想到 sex 這件事，除了想帶妳上床，搞不好早已在私底下邊意淫妳邊 DIY 好幾次了。

八．直盯著妳的車頭燈

這應該大家都曉得吧？否則直播間就不會有那麼多露奶露事業線，「婊子裝貞潔，開台裝可憐，時代在改變，露鮑最正點」的妹子，目的就是撩得男人精蟲上腦不要不要的，只不過想帶她床上可以，先斗內（英文 donate，樂捐）再說！

九. 當男人靠近妳的時候，妳感覺他胯下 ininder

首先，ininder 這個英文單字，外國人看不懂，但台灣人一定要會，就是「硬硬 der」。

各位不要以為這很誇張，但確實有男人暗示得如此大膽，直接用他的「工欲善其事，必先利其器」頂妳，然後看妳是否會變身 open 將，讓他芝麻開門！

十. 男人一隻手揉上妳的背

為什麼要揉妳的背？因為揉著揉著內衣就會不小心鬆開惹！有些女生以為他這個舉動是在安慰妳，但那其實是在找不辣甲背扣的位置，如果女人沒拒絕，就可以順勢撲倒，一舉達陣！

以上十大男人想「上妳」的性暗示，女人遇到時請提高警覺，千萬不能狀況外，也別一時意亂情迷糊裡糊塗就讓男人刷卡通關，兩個巴掌拍不響，勇敢睡了的合意性交，就不能在事後靠夭說是被利用，那格調就 low 掉囉。

3

「主動獻身，卻被男人拒絕」四大因素

在網路上看到一則笑話：有個男生去女生家拜訪，推門而入卻赫然發現她正在用按摩棒 DIY，此時，按摩棒突然沒了動靜，對方嬌羞地說：「那個，沒電了……你能過來幫我嗎？」於是他便立刻衝出去買一對金頂電池，沒想到自從那天後女生就再也不理他了，「好心幫她買電池，結果竟然不想付錢而避不見面，真沒想到她是這樣的人。」男生心裡 murmur，讓欣西亞整個笑歪。

把笑話轉述給 Shane 聽，他搖搖頭說：「女生很奇怪，把妳們撲倒，說男人下流無恥，當妳們主動獻身，男人決定不趁人之危，結果妳們又惱羞成怒，放不放進去都會被罵，實在很倒霉。」仔細想想，這番話確實透露出幾分無奈。不過說真的，

拒絕女生上床的邀約，就算男生是出於善意，嘴巴解釋「我是尊重妳」、「我不想讓妳覺得被利用」，他們大概都無法讓我們心平氣和，而是感到滿滿的被羞辱，畢竟女生多半被教說要有矜持，「我都主動了，你還不行動，怎樣？是老娘讓你吃不下去嗎？」在啪啪啪上被打槍，不免見笑死，不過男人坐懷不亂可能有其他原因，以下是欣西亞的分析報導：

一.他不想搞砸與妳現在的關係

你們可能是很好的朋友，也可能「友達以上，戀人未滿」，彼此情愫暗生，愛苗日漸滋長，不管是怎樣的關係，他應該非常重視，也願意盡力維護，目的是不希望出現什麼閃失，所以寧願以不變應萬變。此時，如果就這麼督進去，很可能破壞兩人和諧的生態平衡，讓簡單變成複雜，所以不想冒險。這也說明他並不想「現在」就跟妳更進一步，但日後發展很難說，如果妳不介意愈挫愈勇，多主動幾次，搞不好就能成功達陣，只不過滾床單不一定能將關係升級，握住了他的屌，不一定抓得到他的心。

二・他擔心表現不好然後被比較

雖然很多人深信男生無時無刻處於挺立和準備衝洞的狀態，但事實上他們也有心有餘而力不足的時候，也許是生理，也許是心理，也許是心理影響生理。如果他覺得妳性經驗豐富，床上閱「男」無數，而自己又不是天賦異稟，表現的成績也不算優異，當然會擔心被比較然後被分到後段班。所以，乾脆把心一橫，把老二關在褲襠裡，不做，就不會有被打分數的風險。如果面對妳張開大腿發邀請函，對方竟卻步的情況，有時候不是女人的問題，而是男人有壓力。

三、他根本是 gay 一枚

當妳把全身上下剝個精光，只差沒使出剪刀腿把男人夾住，他和下半身仍舊聞風不動，反而對妳的內在美興致高昂：「這套 Victoria's Secret 的內衣蕾絲做得就像小時候餐桌上防蒼蠅的紗罩。」那很可能他只是妳的「好姊妹」，既然是 gay，要他跟姊妹淘上床，當然很強人所難。有些同志在外表上看不出來，也不會跟不熟的女生表明身分，偵測 gay 的雷達「gay 達」不夠靈敏的人就比較吃虧，青菜蘿蔔各有所好，妳長不出大根確實不是妳的錯，就放過自己一馬吧！

四．真實身分是已婚，而且是有老婆的人夫

無論跟妳搞曖昧搞到什麼程度，兩個人一二三壘都上了只差沒有全壘打，很可能他是已經有老婆的人夫。對這種男人來說，只要沒有性器相接，一切都僅只於柏拉圖，也不算有偷吃的認證，所以就算把妳全身上下都摸透透，女人也表明不採取鎖國政策，而是要對方 right here, right now 五口通商通到底，他一定還是會義正嚴辭地叫妳趕快把內褲穿起來。因為只要沒那臨門一插，他就能自欺欺人覺得自己清清白白，而可以在被抓包時正大光明的說：「老婆，我沒有對不起妳。」

說了那麼多，妳一臉狐疑地問我：「那要如何避免在啪啪啪時被拒絕？」很簡單，有道是：沒有盲腸就沒有盲腸炎，怕被 say NO，不要主動獻身就好啦！兩腿主動開開就是有各式各樣的風險，像是：引狼入室、不安全性行為導致性病上身

或出人命。總之，被拒絕事小，過於積極主動然後被對方懷疑妳是不是有在賣，下半身 open for business，代誌就大條啦！

4

為何都做愛了，男人還要看片打飛機？

親愛的欣西亞：

我和男友交往三年多，平時互動都非常甜蜜，就算同居還是維持著愛火，性生活的質和量絲毫不減。然而，就在前天晚上，我半夜睡到一半發覺他不在身邊，下床後查看，赫然發現他在隔壁房間看片打飛機，我不但震驚，也深深覺得自己被背叛了，難道我們之間的愛情是假的嗎？還是我在床上表現沒辦法讓他得到滿足？我不敢問，但一想到就很痛苦，我該跟他分手嗎？

平時只看歐巴然後打奶泡的小女子

那天在FB私訊收到小女子的來信，欣西亞忍不住坐在電腦前沉思，因為我也曾經發現Shane背著我在暗地裡私自「起飛」，當時的情況是老娘工作回家，一進門就看見他坐在沙發上，胸前蓋了條毯子，前面擺著筆電，看似正常，但電腦螢幕停留在Google首頁，白刷刷的頁面有些詭異，「你在幹嘛呀？」我問，「查資料啊！」他說。正當我被說服要離去時，我的腳正好去踢到老公在地板上的四角褲，如果一個move把毯子掀開，映入眼簾的應該會是光溜溜的下體和一座台北101（說101也太浮誇），然而貼心如我當然沒拆穿他（哪敢啊？應該早龜縮了好唄？），只能悶不吭聲地走進房間洗澡，讓他繼續未完成的大業！

性愛的需求是動物的本能，跟吃喝拉撒睡一樣，只不過一天吃三餐是正常，一天滾三次床單恐怕會惹人非議，但在我看來那實在沒啥了不起，有些人就是天生食量大嘛！吃五餐外加宵夜，健康沒出問題不說，還能直播給陌生人看，既然他們天賦異稟有個無底洞般的胃，那男人有個取之不盡用之不竭的屌就不足為奇了。

只是如果一天要出汁個好幾次，他承受得起，伴侶恐怕負荷不來，如果再碰上想要的時機不對：女人生理期、頭痛、沒心情、帶孩子很疲倦等等，一隻手揉上妳的肩就立馬被拍掉，既然有被拒絕的風險，倒不如自行解決比較乾脆。

相信大家都有突然嘴饞想嗑零食的慾望，明明已經吃正餐了，肚子也不太餓，但點心就是這麼令人難以抗拒。如果把「性愛」比喻成正餐，而「打飛機」比喻成宵夜或下午茶，似乎就不太難理解了。前者就像跟心愛的人一起上餐廳享受牛排套餐，麵包、沙拉、湯如同前戲，一道一道引導出牛排的美味，就算肚子超餓，還是會耐著性子配合對方用餐的節奏，以致於兩人能同時享受主菜的精采，你們邊吃邊相視微笑，感覺非常幸福，而在吃完正餐後還有甜點要品嚐，正如同肉體溫存後的親親抱抱，如果有人白目只顧著點燃「事後一根煙，快樂似神仙」，那真的非常破壞情調。

但是，雙人燭光晚餐再浪漫，還是有一個人想吃垃圾食物的 moment，尤其在夜深人靜的午夜時分，來份巷口的蒜味鹽酥雞或是櫃子中的香辣洋芋片，搭配韓劇中的帥氣歐巴，邊吃邊允指回味，那確實也是人生小確「性」，你窩在沙發上狂喜嗑完，然後心滿意足上床洗洗睡，享受不求人的簡單迅速便捷，而且要吃什麼？怎麼吃？吃多少？任憑自己決定，完全不用過問對方，free style 般徹底，只能一個爽字形容！

結論是打飛機就跟吃垃圾食物一樣，雖然營養價值不如做愛般的牛排套餐，但精緻美食跟呷粗飽，感受還是很不一樣，所以千萬別要求男人在「性愛」和「打飛機」兩者中做抉擇，牛排套餐要吃，鹽酥雞也不能捨棄，就像女人吃完正餐還要吃巧克力蛋糕，有句話不是說：「女人全身有個專門裝甜點的胃」嗎？那男人的D槽我們就貼心別過問，也無需在意。不過，既然有人愛吃零食不愛吃正餐，就會有男人沉迷於DIY，反而沒把時間留給伴侶，這也萬萬不可，如果妳發覺他喜歡獨樂樂卻不跟妳眾樂樂，請提出和他溝通，或請他邀妳加入一起吃零食的行列，也不失是一種生活情趣。

5 不是上床了就叫交往！輕鬆搞懂各國男人

台灣男女要進入交往模式之前，通常會經歷「曖昧、約會、告白」三個階段，當然也是有倒吃甘蔗型，就是先用滾床單的方式將彼此的「底」細摸清，滾完的第二天正式宣布「我們在一起了」，不過這樣是否愈吃愈甜就不得而知了。唯一肯定的是絕對有吃到，只是看是誰對誰吃乾抹淨。

在西方文化中，也許是社會風氣較為開放的緣故，男女間的互動有些時候傾向「友達以上，戀人未滿」，看似互動頻頻，好像很多時候都膩在一起，但究竟是不是男女朋友卻很難說，因為和異性來往是件自然輕鬆的事情，「男女授受不親」並不存在，牽手、擁抱、親吻臉頰這些東方社會覺得過於親密的動作，在西方國家往往是一種社會禮儀。所以，妳是真的在談異國戀？還是妳只是以為自己正在談異國戀？或許能從以下英文略窺一二。

如果一對男女看對眼然後有了親密接觸，無論是熱情擁吻（也就是英文中的 to make out，親熱的意思）或是真的搞上床，我們稱之 to hook up。To hook up 在夜店或朋友家的派對很常發生，只要情慾流動再加上酒精催化，兩個人一迷茫就有可能愛火噴發，接著在清醒後覺得 Oops, I did it again 的懊惱，然後當然就是避不見面；食髓知味的，則會有接下來的 to hang out。To hang out 通常就是跟朋友一起做些事好打發時間，可能是約了喝咖啡、逛街，或是不一定非要做啥正經事，窩在家一起消磨時光也算。

Shane 分析，當男生跟女生說 Wanna hang out? 有時候也是一種約會的邀請，只不過 go on a date 通常要吃晚餐看電影，比較正式。有些女生一聽到 date 就心生防備，不然就是期望太高，都會造成男生的困擾，用 hang out 算是進可攻，退可守。To hang out 的最後不見得會用性愛收場，如果有，那也只是殺時間的一種選項，就像是一起下象棋或玩大富翁，但不會一定要跟特定的對象。通常，很多台灣女生在這個階段往往已經身陷情網，然後問我要怎麼辦？當然是努力用妳的炮將他的軍啊！結論是 hanging out 跟 dating 是有差別，但操作起來卻可以將無所事事、聊天、上餐廳、看 DVD、親熱、做愛等選項 mix and match 混搭，如果他 ask you on a date，我覺得態度比較誠懇，彼此進一步的空間也會比只是問 wanna hang out? 來得大。

關於交往，英文裡還有 to be seeing someone 的說法，這時候就比較像是 to be in a relationship，雙方態度更為認真，只不過你們是同時間交往很多人，還是只有一對一，還是要問清楚 Are we exclusive?（單一排外）因為若不問，妳永遠不知道他是像金城武只有 I see you，還是妳只是他眼裡其中一朵花。

寫到這裡，欣西亞突然覺得中文其實也有上述的說法耶！

To hook up 就是「搞上」。I hooked up with a guy at the club last night. 我昨天在夜店跟一個男的搞上了。

To make out 是「親熱」。After we left the club we went back to his house and made out. 一起離開夜店後，我們回去他家親熱。

說「要出來嗎？」Wanna hang out? 比 Wanna go on a date?「要不要跟我約會？」更簡單隨興。

To be seeing someone就是「交往」，只不過也有看是同時交一個還是交很多個，所以將英文破解後用中文的語法看，確實也沒那麼難懂，真的霧裡看花了。就打開天窗說亮話的問 Are we boyfriend and girlfriend?「我們是男女朋友嗎？」無論是外國人還是本國人，只要是對付男人，問清楚說明白，就不容許他裝傻搞不清楚狀況囉！

6

加 line，看穿男人真「性」情

還記得很久很久以前，結交新朋友是給 call 機號碼，接著演變成交換 MSN，然後是互加 Facebook，到現在，最簡便的方式則是用 line。無論是兩人剛認識還是在夜店邂逅陌生人，大家的開場白幾乎是：「可以加你的 line 嗎？」為了這個動作，還有人在火鍋店跟正妹店員大喊：「小姐，我想要加東西……我要加妳的 line。」真的是……無所不用其極。

我個人是不介意把 line 給出去啦，但對於「如何加 line ？」老娘就有自己的眉角跟解讀。而且經過無數次的觀察，我發現：對方如何加妳的 line 確實會透露出他是什麼樣的人？多少能預測兩人戀情的發展。

一、用「搖一搖」的方式加妳的 line，他可能很愛玩，也可能色色 der

這個「搖一搖」，不得不說是加 line 之中最有趣好玩的方式，一男一女握著手機螢幕在彼此面前搖來搖去，那動作簡直跟打飛機的套弄有異曲同工之妙，乳搖的視覺效果也令人想入非非。所以欣西亞認識的男性朋友，有的就很愛用這種方式跟女生開玩笑，當她邊搖手機邊問說：「怎麼樣？有出來嗎？」他就會回答：「還沒喲，快了快了！繼續搖，搖大力一點才出得來哦！」真的是他媽的非常靠北！

捨棄最初最原始用輸入 line ID 的方式加好友，這種男人通常會注意最新最流行的事物，有什麼新鮮刺激的絕對不會錯過，瀟灑風流又愛求新求變，交往後若碰到更進階的貨色就會像電腦或手機系統更新般，換掉舊女友私自進行 upgrade，因此穩定交往成功機率低，床上搖妳搖膩了就再見不聯絡。

二、用「掃 QR code」的方式加，也許是他天性愛求方便，凡事講求迅速確實

「掃 QR code」確實是加 line 最有效又快狠準的方法，只要把圖案找出來，嗶！一聲就能將人掃入好友名單，不過這多少也透露他凡事講究方便，只求結果不求過程，做什麼都是簡單明瞭。

這種男人做起愛來迅速確實，對女人像在掃 QR code 一樣嗶！一聲督進去，前戲整個略過不說，自己爽完就洗洗睡。對於兩性關係很可能只是追求那短暫的嗶！因此以一夜情居多，把屌當悠遊卡，把穴當讀卡機，嗶完這一個再嗶下一個，通完妳的關就再見不聯絡，就算交往也可以只以週拋或月拋為單位。

三、用「詢問 line ID」的方式加，多少說明對方是個念舊的有心人士

最早期 line 加好友的方式是搜尋 ID。很多人設定 ID 多半會用自己的英文名字搭配生日，於是這組 ID 多少代表個人的一種定義，畢竟很少人設定帳號會不經大腦隨便亂取，會使用對自己有意義的英文字來排列組合。對方「用詢問 ID」的方式加你 line，多少顯示出尊重，因為要輸入 ID 要一個字一個字鍵入，需要比較多的時間跟耐性，從剛認識就願意花時間在妳身上，不怕麻煩，讓人覺得有心。

這樣的男生個性念舊也不愛求變，因為就算後來多了「掃 QR code」跟「搖一搖」功能加 line 好友，他也寧願沿用自己熟悉的方式，反正東西用習慣就好了，何必求快求方便而採用其他方法呢？跟這種男人交往，女生比較不用擔憂他被更新潮更時髦的野花釣走，前提是妳讓他覺得好用跟用得順手，不過就因此他較為保守，所以性愛上可能只採用一套 SOP 流程，較難激出令人驚喜的火花。

以上分析僅供參考，並非絕對，大家如果碰上也不用過於緊張。事實上，對於「加 line 好友」，多數人是會「混搭」的，就是會看對方是怎樣的人而採取不同的方式。像如果是面對長輩，可能就只能用搜尋 line ID 的方法，因為他們完全不懂什麼是「搖一搖」或「掃 QR code」，有些人甚至連 line ID 都沒有，直接輸入手機號碼，對方的 line 就會自動出現在 line 好友當中，難道我們要說他是懶惰又隨便嗎？（其實我覺得根本就是）總之，雖然小動作多少透露出一個人的個性，但「路遙知馬力，日久見人心」，還是要實際相處才知道這段感情究竟適不適合自己囉！

7

參加群交趴的感想

去年新聞爆出六女七男的群交趴，看得大家瞠目結舌，其中最忙碌的應該是PTT鄉民，因為大家都在跪求影片跟照片，不然就是抽絲剝繭試圖找出其中參戰的女主角。後來據說有人終於找出她們的FB和IG，看著對方一張張清純的生活照，難以跟淫亂的性愛趴做聯想，直呼不可思議！也有人請參加群交趴的其中一位參戰男發表感言，他說女主角各個年輕、漂亮、身材好，整幅畫面根本是A片中的場景，雖然邊雜交腦袋邊不停冒出：「天哪！我到底在幹嘛」的想法，但能參加這樣的啪體s（後面要加s因為是複數），人生至此無遺憾。其實，這次的群交新聞並非第一次，多年前的「台鐵性愛趴」也曾躍升版面，只不過規格是一女大戰十八裸漢。可見群交對某些人來說，它就像是參加救國團冬令營或團康活動一樣只是一種社交，興趣相投乾脆揪一揪開團變成 support group，我互助妳的鮑，妳 support 我的屌，大夥兒有志一同射成天邊那道燦爛的煙火再各自鳥獸散，說穿了就跟去市政府參加跨年差不多。

老實講，若問欣西亞對性愛趴的感想，撇開是否觸法，我倒認為這只是冰山一角，而且少見多怪，畢竟拿出來張揚，無論是在國外還是台灣，一定會因為道德觀感招惹批評，所以應該早已行之有年，也都默默在檯面下進行。而且很多時候性愛趴體的發生並非事前規劃，而是一時興起，跟熟識的朋友玩開了，原本正常的 party 就可能走鐘。

為什麼我會這麼說？因為老娘在還是大學生的年紀，某年跨年跟閨蜜訂了一家位於北投的飯店，也不曉得是什麼氛圍使然，可能大家都是女生又處於溫泉旅館，剛開始只是好友坦誠相見然後共浴，接下來就是一連串搔首弄姿的自拍跟互相拿按摩油油壓，如果當時有男生加入，也許就真的會有餘「性」節目上演。事實證明，同儕容易互相影響，人多壯膽，加上年輕人喜歡新鮮跟刺激，所以我也聽說其他學校的男女在飯店房間慶生，酒精催化下輕解羅衫，真槍實彈玩很大，完事後大家都約定what happens in the room stays in the room，對發生的事三緘其口，所以群交趴的發生不但出乎意料，當事人多少也有「靠北！我到底做了什麼！」的震驚。

至於「群交」到底好不好玩？欣西亞住LA的時候，美國朋友跟我分享她的實戰經驗，不過她跟男友參加的是swingers party（換妻／夫趴），不但能自由跟裡頭的人換妻或換夫，還可以看自己的另一半跟別人做愛的模樣，於是兩人興沖沖赴約。她表示，第一個感想就是「現實生活裡的couple看起來都好素人！」沒有A片中身材精實窈窕的男女，而是一群阿桑跟大叔，禿頭的禿頭，凸肚的凸肚，放眼望去像是一群肉色的中年海象，不過朋友想說既然來了就別空「穴」而返，勉強挑了個能入眼的，結果對方由於初次參加太過緊張，竟然「屌到用時方恨軟」欲振無力，只能幫他吹吹矇混過關；再換下一個則是太過興奮洩太快，於事草草了事。「我跟妳講，現場很多都是中看不中用啦，魚目混珠的超多，早知道我寧願花錢去高級飯店的趴，而不是這種鄉村俱樂部！」看來她頗不滿意。「而且更進一步的說，男生應該都會玩得很high，女生我就不敢保證了，當妳連續被超過三個以上的男人幹，心理很難不覺得自己cheap……」友人補充。

結論是對性愛趴體嚮往的人多，但親身經歷過是否真覺得好玩實在見仁見智，不過如果真的基於好奇前往，保險套一定要全程戴，現場也不應該有任何相機或攝影器材。因為就算妳沒看見，也難保沒有人私下偷錄，然後賣給色情網頁，而且我覺得真實姓名也不應該公布，免得外流被肉搜造成夜長夢多。保護好自己，才不會有憾事發生。

8 是神復合？還是炮友交合？

娛樂新聞裡常看到分手後的明星情侶又上演疑似復合的戲碼，像是幾年前阮經天和許瑋甯的「天甯戀」，因為男生愛玩傷透女生的心，於是黯然分手，沒想到隔沒多久又被媒體曝出死灰復燃的跡象，讓大家霧裡看花。又或是已和前夫離婚的徐曉晰，後來似乎跟前任男友周葆元走在一起，兩條平行線重新有了交集，她也在FB放上兩人合照，讓網友紛紛留言祝福。

愛火重燒容易，因為燃燒的只是幾分鐘的激情，但破掉的鏡子卻難以重圓，因為裂痕仍然顯眼，有句話說「好馬不吃回頭草」，點出普羅大眾覺得分手就應該往前看的觀念，也認為回收舊情人成功機率低，就算剛開始相處融洽，也是眼睛有業障，一切都是假~的~。說白一點，「神復合」往往只是神話，就算再來一次戀情仍難以開花結果，但事實真的是如此嗎？

詢問跟男友經過分合，然後穩定交往至今的朋友Lauren，她說：「很多時候，兩個人在一起往往看不清對方的好，當局者迷嘛！等分開後，距離產生美感，轉了一大圈，驀然回首才發現對的人在燈火闌珊處，重聚，讓我們對彼此更珍惜。」

「所以是『距離』把你們拉近囉？問題是，在一起之後距離產生的美感又沒啦，你如何能保證同樣的問題不會再發生？」我感到十分好奇。

「與其說是『距離』將我們拉得更近，倒不如說是分手後交往了其他異性，讓兩人對之前的關係看得更明白，也有所成長。譬如我失戀後跟別人約會，對方覺得就是要黏緊緊才叫甜蜜，所以希望天天見面，我有空就只能陪他，但這種戀愛談得我幾乎快窒息，直到有一天我騙他說在公司加班，實際上是跟姊妹淘出去唱KTV時，才突然了解前任的感受，原來他選擇跟朋友聚餐卻不陪我並不是不愛，而是真的需要喘息的空間。」友人一副恍然大悟的神情，接著說：「所以，對於一再吵架或溝通，倒不如放彼此出去跟別人相處來的有效，因為只要換個立場，感受就不同，感受不同了，問題便不再是問題，反而了解對方的想法，也清楚自己要的是什麼。」她說得頗有道理。「所以，在外頭繞了一圈後，我們更願意包容對方，也更願意修正自己，這是分開前無法感受的，我們明白原來兩人多麼match，所以用力去維繫這段愛情。」Lauren一口飲盡手中的咖啡。

是說，如果復合的兩人想法一樣，共同努力，就像在划同一條船，由於前進的方向一致，那麼到達幸福的彼岸絕對有目共睹。怕就怕，重聚只是因為不習慣單身、捱不住alone，孤單寂寞覺得冷所以只想找個熟悉的肉體ㄎㄟ休，畢竟之前交往有過無數次在床上的演練，所以對彼此身體有一定的熟悉度，對對方的敏感帶也瞭若指掌，於是兩人啪啪啪，啪得花開並蒂、高潮迭起，就誤以為彼此才最契合。殊不知這只是一個蘿蔔一個坑下的錯覺，契合的只是性器，麻吉的只是下體，因為當步出摩鐵，想說一起吃個飯聊個天，才發現又回到分手前相看兩無言，話不投機半句多的窘境，但看在有現成的人肉飛機杯或野戰手電筒可用，乾脆自欺欺人對外放話：「我們復合了！」但實際上有在交往的只有屌跟穴，有在經營的只有性愛關係！說穿了，你們不是復合，是炮友交合，你們也沒有在約會，你們只是在約炮。

那要如何避免讓神復合變成性器交合？當然就要確定妳跟他是否有相同的目標，是否認真為這段感情再試一次，並且大徹大悟作出改變，否則你們只是在浪費時間，分了又合、合了又分，像自殺往生卻無法被超渡的亡靈一直在重複自己死前做的事。因此，我認為誠懇的溝通跟相同的認知非常重要，如果妳發覺跟他的復合都只是在床事，打開天窗說亮話，絕對比睜眼說瞎話來得明智。

9 注意！女人不該回收的三大渣男

很多讀者常問我：「該不該回收前男友？」他們的考量點是因為之前已經有失敗的經驗，如果再度復合，會不會又是重蹈覆轍？

人與人之間的感覺很奇妙，在一起交往的時候當局者迷，看到的缺點都會是優點，然而相處久了，不但缺點硬生生被打回原形，連優點恐怕都令人生厭，分手後距離產生美感，也許得不到的最好，當對方不屬於妳的時候，透過 **FB** 動態還是 line 消息，光是隔著螢幕遠遠觀察，那種心動的感覺竟又再度回來。兩性關係裡，復合的狀況難免碰上，就連欣西亞自己也算，如果當初 Shane 沒有追上來找我，恐怕不會有這將近15年的婚姻。只是，並非所有復合的戲碼都有會有好下場，什麼樣的舊情人不該回收而是直接進焚化爐燒毀？以下提供給大家參考。

一、不斷偷吃和劈腿

如果和妳交往期間就有偷吃和劈腿的紀錄，難保跟妳復合後不會再鬼打牆發生，因為狗改不了吃屎，牛牽到北京還是牛。女人也許可以用「浪子回頭金不換」來自我催眠，但還是要掂掂自己斤兩先，尤其教一個男人回頭看並不難，難就難在他回頭後視線不會到處飄，然後又瞄到其他女人身上去。心被傷過一次可以怪對方是下三濫，但被傷過第二次或無數次可能就得檢討自己是不是挺犯賤？當初好不容易擺脫一個用情不專的渣男，現在回收豈不是像在撿破爛？

——二、動手打人會家暴

這個似乎蠻常發生的，而且不用等到物換星移人事已非，通常都在妳下定決心要離開對方的 moment，他便求爺爺告奶奶的想把妳追回來，直到下次他又動粗把妳揍得鼻青臉腫，然後道歉、復合……鬼打牆。只不過我覺得男人再怎麼好，不管他事業多成功、富可敵國，還是當選年度百大型男兼孝親楷模，用暴力解決問題或動手打人百分之百是個不入流的咖洨，別說要回收了，趕緊切斷一切聯繫，人間蒸發在所不惜，快逃！才是上上之策。

——三、跟妳借錢永遠不還

在我看來，世界上什麼人都能借他錢，唯獨自己的男人不行！Why？因為一旦女人開始金援，就是造就男人墮落的第一步。雄性動物的心理狀態是很微妙的，他們喜歡掌控、擅於狩獵，也享受被需要，當妳將錢送到對方手上時，多少違反兩性的生態平衡，他嘴巴上說的是感謝感謝再感謝，心情也是謙卑謙卑再謙卑，相信我，妳不會希望男人對自己的態度是謙卑的，因為他對妳已經失去追逐的興趣，只剩下依靠；你們之間只剩下寒冬送暖的溫馨，而不是天雷地火的激情。所以也要奉勸男人，無論你再怎麼需要周轉，什麼人都能開口，就是不要跟身旁的女人借錢，除非她對你而言只是工具人，欠錢不還更不用說，無賴ㄆㄨㄣ男該餵豬吃了，餿水沒人在回收的吧？

無論欣西亞怎麼分析，談戀愛的人還是妳自己，我只能從旁提點給大家做借鏡。如果妳心臟夠大顆，覺得身體力行走這麼一遭才曉得復合後的結果，其實我也不反對，因為沒有人能夠為妳的人生負責，只要妳做了不會不甘願，也不會悔恨交加，那一切都值得。最後，有些女人天生就流著造就渣男的血液，原本情深意重的暖男送到她手上都會被寵成爛渣男，如果妳一直不停碰到上述特徵的壞男人，也許該認真自我檢討一番，因為這已經不是該不該回收對方的問題，而是該改變自己談戀愛的方式了。

10 「跟主管談戀愛」的注意事項

有一句話叫做：「權力使人腐化」，如果是用來敘述辦公室戀情，腐化的不僅是人心，還有道德觀念。是說有些男人一旦位高權重，出入公司有專車接送，安排行程有秘書處理，呼風喚雨慣了竟覺得自己真是萬人迷，於是忍不住心蕩神馳褲襠癢；換了位置就換了腦袋，連小頭都蠢蠢欲動。同理，對某些女人來說，權勢使人情慾高漲，男人位階稍微高一點，手裡握有的 power 多一些，面對上對下的關係就忍不住也想臣服在床上，就算對方只是個負責簽文具購買申請單的小組長，也可能教她 Sir, yes, sir! 地意亂情迷兩腿開開。基於上述原因造成空氣中的情慾流動，辦公室戀情在兩性關係裡屢見不鮮，但如果妳屬於酷愛和主管談戀愛的族群，以下注意事項請一定要停看聽：

一、必須接受愛得濃烈卻無法高調

礙於公司政策，又或者是約定成俗，辦公室戀情極少是高調說愛的，畢竟一旦公開，兩人的一舉一動便看在同事眼裡，身上戴的是否為情人對錶？今天早上是否一起來上班？每一個細節都是八卦的好題材。如果有的當事人還已婚，那就更加腥羶色了，因為這些禁忌，多少有「不可為而為之」的刺激。想當初欣西亞也談過一小段這樣的戀情，兩個人擦身而過那一瞬間的眉來眼去、茶水間的暗地調情，或是當對方站在前頭主持會議，而我正用意味深長的眼神凝視他，都讓當時還是小女孩的我喜不自勝。然而，無法見光的關係，短時間可能覺得有趣，長久下來就沒那麼好玩了，譬如約會總得避開同事容易出沒的地點、中午午餐無法正大光明相約吃飯，偶爾聽見其他女同事覬覦男友，又不能衝出來說：「他已經名花有主了」，身為地下夫人的滋味並不好受，女生也很難不介意。

——二、加薪升遷在別人看來絕不會是憑實力，辦公室戀情恐淪為職場性騷擾

如果對方在公司的位階高過自己，妳的升遷在同事眼中便成了攀龍附鳳，妳的加薪也不會是憑實力，而成了靠「腿開開」和「捧LP」，冷菜冷飯好吃，冷言冷語難忍，聽多了難免自我懷疑，而且高處不勝寒。跟主管談戀愛，同溫層的福利就不會有妳的份，到時候團購沒人揪，也只能蹲在角落畫圈圈。如果對方和自己的關係是下對上，情況也不會比較好，因為一旦處理不當，吵架鬧分手又有人存

心報復，美好的辦公室戀情瞬間就成了運用公權力逼屬下就範的職場性騷擾，身敗名裂不說，賠上大筆賠償金真是人財兩失。

三·恐招致愛情事業兩失意

事實上，無論是跟同事還是跟主管，談辦公室戀情，妳已經讓自己的事業暴露在風險之中，生活裡小倆口總會有吵架鬥嘴的時候吧！昨晚才吵完今早又要看見他，滿腹肚爛一起上班氣氛能好到哪兒去？又，工作上意見不合在所難免，明明約會時還甜甜蜜蜜，結果為了會議報告影響感情，大家嘴巴上約好：「公私分明」，但其實都是說說而已，所以奉勸各位千萬不要高估彼此能力，一言不合他公器私用直接 fire 妳，或是妳害怕尷尬所以自動請辭，都是造成「本是同根生，相姦（煎）

何太急」的愛情事業兩失意。

結論是要談辦公室戀情，那就要懷抱可能「賠了夫人又折兵」的決心，畢竟不是每個主管都跟格雷總裁一樣，在小女孩鬧情緒的時候還奉上名車跟現金，再低聲下氣地和妳 say sorry。現實和電影往往有一大段差距，他可能真的有一個紅色炮房，而妳確實在裡頭滿足他一切的性需求，但他的真實身分就是一個高不成低不就的小組長，吵架時非但不好好安慰妳，反而用公權力迫使妳乖乖低頭認錯。所以，沒那個屁股就別吃那個瀉藥，怕熱就不要進廚房，選了就歡喜做，甘願受，這個法則不僅用在辦公室戀情，也適用於所有的兩性關係。

11 他的媽寶指數有多高？

二〇一七年台灣娛樂圈內何守正和小嫻驚爆離婚，從媒體臆測是女生不孕，讓身為獨子的老公無法對母親有個交代，到後來新聞爆發，男方的姊姊跳出來指責小嫻的不是，女方沉默接受一切責難，男方本人似乎也置之不理，「媽寶」二字一下又躍上檯面引起討論。其中，我覺得許常德老師說得最到位：「媽寶的特色是家人會陸續出來為他罵對方，而且他也不會制止……因為媽寶最大的特色就是愛的時候，什麼都不管，不愛的時候，更是什麼都不管，他就是沒有管的能力，才叫媽寶。」形容得之精準，讓欣西亞忍不住拍案叫絕。

是說，全天下的媽寶在外觀上通常看不出什麼端倪，只有交往相處後才能體會箇中奧妙，現在欣西亞就要補充更多特徵，讓大家自我診斷對方的媽寶指數，免得步入禮堂才發覺自己是上了賊船，大嘆「千金難買早知道」丟麥唬啊（台語：來不及了）！

一、常把「我媽說……」掛嘴邊

「我媽說公務員是鐵飯碗，所以我才去考高普考。」「我媽說去峇里島跟夏威夷差不多，旅遊去峇里島就夠了，又省錢！」如果從他口中吐出來的句子，十之八九都是「我媽說……」當 opening，加上伯母給的意見多半不是狗屁倒灶的小事，而是左右他的職場、生涯或人生大事，然後他又很容易採納，那妳就要多注意了！最好的例子就是之前周董婚禮沒邀憲哥出席，男生一句「葉惠美說不准！」便交代了事（葉惠美就是周媽媽），挺符合新郎一直以來的媽寶……Oops，我是說孝順形象。

二、在約會時他常被媽媽奪命連環 call，而且很常咻～幾壘就被 cue 走

平時沒事，但只要你們在約會伯母就很容易出事，然後用奪命連環 call、Line、Facetime 等各式各樣的通訊軟體找兒子。說穿了，這一切只是媽寶媽在刷存在感，而且一刷立刻見效，不管跟妳在天涯海角，兒子都會立刻被 cue 回家。

三．會陪母后吃晚餐

你們約會幾乎很少超過下午六點，時間愈逼近男友愈像魔法即將消失的灰姑娘坐立難安，為什麼？因為他要回家陪母后吃晚飯。這是朋友身上的真人實事，「非要一起吃飯我能理解，但你們一起吃晚餐不行嗎？」我一整個無法明瞭，「當然不行！因為這樣兒子才不會在外頭跟其他女人過夜！」她朝著我大叫。哇咧……我知道媽寶媽的控制欲一向強大，但這已經是抓著兒子懶趴不放的境界，如果結婚，妳的子宮恐怕都不會是妳的。

四．會主動跟媽媽報告行程

不管跟妳在哪裡，兩個人在做什麼，他都會主動跟媽媽請示：今天看什麼電影？打算吃什麼？大概幾點到家？不用媽媽問，他已經先把流水帳講一遍了。之中當然三不五時夾雜母后的貼心叮嚀：「某某電影很好看，媽媽推薦！」「那家餐廳不好，乾脆回家媽媽煮給你們吃。」「要這麼晚才到家？不要啦，最好十點前，還是現在？」以上情況，我朋友遇過不說，男生還是開視訊、直播 Live 和母后進行匯報，碰到這種的，我只能說：快逃！

以上四點，再加上第一段許常德老師說的「媽寶沒有管的能力」，相信一定能幫助女人判斷男人媽寶指數高低；符合特徵的指數愈高，反之則愈低。我要強調，孝順絕對是美德，對父母好值得讚許。只是，世間無論什麼事，超過就變得病態，所以還是不要太極端才好。最後，偷偷透露咱們家 Shane 就是 mama's boy 呀！記得最初他來台灣，每個晚上幾乎都會跟媽媽通電話，道晚安後才會上床睡覺，雖知如此，我還是義無反顧嫁給了他，因為老娘我 hold 得住哈哈！所以，碰上媽寶也沒那麼恐怖，選擇進廚房就不要怕熱，只要自己 handle 得來，一樣可以過得海闊天空。

12

男女AA制真的好嗎？

親愛的欣西亞妳好：

我知道妳在兩性關係裡常提到男女平等，但我有以下問題：我和男友已經交往兩年多，無論吃飯、約會或旅遊我都會主動付自己的那一半，久而久之我和他就成了AA制，其實這樣乍看下並無不好，直到我發覺他再也不會主動幫我付錢了，甚至連上摩鐵房錢也會跟我一人一半，想請問妳覺得這樣下去真的OK嗎？

台北 Alice

Dear Alice：

首先，請讓我為妳起立鼓掌一番！畢竟有太多女孩子在交往前和交往中，總是很自然地認為「是男人就該請客付錢」，所以上館子吃飯，每當侍者送上帳單，原本還笑得花枝亂顫的她們便立馬噤若寒蟬，然後開始滑手機看FB，非常認真裝沒事，直到男伴刷了卡付了款，才又恢復往日活潑。然而事實證明，這樣不成文的規定到了婚後依然行之有年，自己賺的錢是自己的，老公賺的錢也該交給自己掌管，完全把男人當ATM永續經營。若妳在一開始約會時便設定AA制，顯示妳是個不傲嬌又沒公主病的好女孩，妳選擇做正確的事，因為覺得男女間付出本來就該平等。

然而，弔詭的來了，活在人世間，我們除了做「對的事」，另外講求的還有「奇摩子」三個字。有時候明明做了對的事，但內心的感覺反而不是愉悅，而是悶、不爽或不痛快，那就跟對方如何處理或反應有關了。說穿了，這跟他會不會做人、值不值得妳這麼做有非常重要的相關性。如果他對妳的主動ＡＡ感到麻木不仁，並不覺得妳這樣是成熟懂事的舉動，那還真令人頗為心寒，所以我認為妳在意的點應該不是一人一半，而是他的態度，又或者妳其實並不想他「分得這麼清楚」，AA妳沒問題，但總是希望男生偶爾可以請客，就是：出去十次，有兩次是他請，或是在重要節日他付錢，阿捏不為過吧？

不過，如果你是男性讀者，看完這段內心多少會覺得：「說穿了我們還是要付那兩次的錢，還是不公平啊！」傻孩子，這兩次當然要取決於你多想跟心儀的女孩在一起。是說如果對方是金城武，他願意跟我出去約會，每一次都我出錢老娘沒問題啊，問題是選擇權在他那邊啊！

所以，親愛的 Alice，建議妳以後出去約會，結帳時主動說：「這次我請！」然後將全部的飯錢結清，接著觀察他下一步的動作是什麼。這四個字的用意是在暗示男生「別再ＡＡ了，我們換個模式吧！」強調「這次」由妳來，「下一次」當然就換成他。

如果還要看電影，懂得人情世故的應該就會主動去買電影票了，而且是兩張！如果他買回來還跟妳說：「妳的部分是350……」嗯……這表示他是個死白目，在做人這一塊猶如未開發地帶，需要時間進步，更需要妳的開導，前提是妳願意做第一個開墾闢路的探險家。真的受不了，那就別勉強自己直接放生吧！如果覺得自己的確做得很好又不怕比較，讓他去險惡的外頭世界闖一闖，見見世面，其實也是一個強迫人迅速「入世」的好方法，除非他頓悟跟自己還有十隻手指頭交往才最快樂。

最後，再補充一點，男女的金錢觀和價值觀本就不同，所以兩人對如何用錢必需相差不遠才相處得下去。我認為「交往」就像企業對員工的試用期，錄取後預留三個月的時間，觀察一下這個人是否有潛力，真為可造之材？就算是，仍然得參加老闆的員工訓練，讓他熟知你這家公司的運作模式和未來展望。因此，交往時期對「誰付帳」若感覺有疑慮，倒不如坦率說出來，好好溝通，看彼此是否能達成共識，如果妳是高度公主病的慣老闆，自然會被世俗淘汰，如果他是不求進取又不知好歹的爛員工，求職之路一定也會走得困難，說穿了，無論怎樣的愛，都必需經過磨合、磨練，才會愈發閃閃發光。

聽聽 Shane 怎麼說

Play hard to get 的真正奧義

每次跟欣西亞討論如何在愛裡逆轉勝，或是當個擁有主控權的霸氣女王，Play hard to get 絕對是不可缺少的致勝關鍵！Play hard to get 這四個字翻譯成中文叫「欲擒故縱」，男人是天性喜歡狩獵的動物，女生愈是把我們推開，反而更引發我們想要追逐的欲望並大獻殷勤。

不過，問題來了，多數人認為 Play hard to get 這招在交往前或許還派得上用場，像是男生找妳約會，女生還可以裝模作樣地回：「哦～我看一下我的 schedule，等等再跟你說。」「嗯…可是我最近很忙耶，下禮拜可以嗎？」明明空檔超多也要故意吊人胃口，但變成男女朋友後，還要這樣處心積慮豈不累人？因此又有人跑來問我：「Shane，跟男生在一起之後還要Play hard to get嗎？怎麼play啊？他來找我故意不開門？還是乾脆來個避不見面？」哇咧……妳是當自己諸葛亮在演三顧茅廬這一齣膩？那我想男友應該就會直接大禹治水三過家門而不入，再見不聯絡溜。

See？我想很多人都誤會欲擒故縱的真正奧義，Play hard to get不是叫妳對男人假鬼假怪的愛演或假掰，那根本不是自己，況且日子久了也會被拆穿，而是要內化變成本能。更精準地說，那其實是Be hard to get，而不是法拉利姐的婷婷play。那麼Be hard to get是什麼呢？當然就是本身的自信跟安全感了，以上兩者假裝不來，做作也流於矯情，只有積極培養，才有可能變成自己的一部分，成為愛情裡的常勝軍。

最有效的方法就是培養興趣。缺乏興趣的女生不但言之無物，講話也沒深度，整個人就像是金玉其外的空殼，以至於跟男生聊沒幾句就話不投機。擁有興趣使妳渾身散發熱情，因為想深入了解所以會花時間勤於學習，甚至專注研究，心裡當然不會一直想著「男人怎麼還沒call我？」「他怎麼沒來約？」之類的事。

譬如有些女生熱愛運動，跑馬拉松是她的目標，因此需要在週末假日練習長跑，當男生找她出去，她自然不用說謊騙人，因為可能真的沒空。又或者有些女生喜歡看電影，從不錯過影展播放日期，自然不會整天想跟男友黏踢踢或奪命連環call問他在幹嘛，畢竟她為了發展興趣也是busy到不行。

再拿我老婆欣西亞為例，她一寫起文章就欲罷不能，我叫她她也不見得理睬，可見其投入，所以如果她把目光從電腦螢幕移到我身上，我反而會很開心，也非常珍惜兩個人一起看電視的共處時光，因為那並非隨時會發生。當然，我也有自己的興趣，所以她敲鍵盤的時候不致於覺得是在「等待」，否則一定森77。加上興趣也常讓我們互相交流，她會來問我關於兩性的看法，我會介紹我愛看的片子給她，夫妻間永遠有話聊，生活樂趣由此而生。

說了這麼多，結論是：當妳有自己的興趣，男人就會對妳產生興趣。興趣會讓人從中獲得成就，那正是自信和安全感的來源，當一個女人舉手投足都散發高度氣場，在茫茫人海中就會是最亮眼的一顆星，永遠抓得住眾人的目光，男人走過路過當然不會想要錯過。當她的安全感源於自身，不靠別人的注意力跟愛慕來肯定自己，對周遭的人事物態度將會更從容灑脫，不用偽裝，而做到真正的 Be hard to get。

Chapter

2

好女人像毒藥，男人要嘛，惹不起，要嘛，戒不掉

請努力讓自己成為績優股、強勢貨幣，才能幫夫且旺夫！

1 怎樣的女生容易吸引到外國人？

還記得大學時期和美語補習班同事出去聯誼，男生是一群約莫二十八、九歲的上班族。當時，欣西亞跟其中一位聊了許久，也許是言論過於犀利辛辣，作風也過於放浪形骸，聊到一半這位青年才幹便問我：

「妳有看《慾望城市》這個影集嗎？」

「沒有耶，但是有聽過」我老實回答。

「怎麼可能？依妳這種個性，我覺得妳一定是這部影集的忠實觀眾耶！」

「是喔？」

「真的啊！而且妳這種型的，老外通常很喜歡。」他說。

現在回想起來，我驚覺到兩件事：一是《慾望城市》竟然是男生介紹給我的（很妙吧？）；二來，是對方後面那句「妳這種型的，老外通常很喜歡」根本話中有話！他其實想表達的是：「妳這種型的，我 hold 不住，sorry……」因為他雖然跟我要了電話，卻音訊全無，害老娘整整等了他兩個禮拜。是說，當欣西亞還是個清「蠢」可人的青春少女時，就很常聽到：「妳是外國人喜歡的 type！」直到今天，就算我結婚了，不知情的人還是會這麼說。究竟，什麼樣的女生容易吸引到外國人？以下，是欣西亞的分析報導。

翻開本人外表進化史，我在大學認識 Shane 的那個時期，以台灣的標準來看，只能說是「慘不忍睹」：嬰兒肥、小眼睛、壯碩的身材，每次去聯誼都不會是配對成功的那個。雖然如此，我在補習班外籍老師間的行情竟然還不錯，別說其他人，連自己都跌破眼鏡。台灣普遍認為女生就是要白要瘦才最美，但在西方國家可不是這樣，大多男性覺得女生要有點肉才性感。所以我們眼中的金華火腿，他們覺得是蜜大腿，肥屁股成了翹臀，再搭配豐滿的胸部，正好形成性感的S身形。嘴唇最好又嘟又厚，只要有個性，單眼皮也一樣勾魂！有趣的是，很多外國人不曉得什麼是「雙眼皮」，跟他們解釋半天還不一定懂。最後得到的回覆是：眼睛大看起來卻渙散無神，反而一點也不具吸引力。台灣崇尚的「一白遮三醜」，在歐美世界竟然不流行！住在洛杉磯時，我反而看過很多人會去日曬沙龍曬黑，連維多利亞祕密的 model 們走秀前也將「噴黑」當成化妝的一項步驟，由此看出焦糖膚色在國外確實是種時尚指標。

回顧當時青澀的照片，我都笑著跟 Shane 說：「怪不得你都跑給我追耶，是不是我長得太嚇人啦？」此時，Shane就會很認真回答：「不會呀！我覺得妳很可愛，尤其個性大加分，我印象最深刻的就是妳會邊走路邊唱歌，而且還唱得超大聲，完全不顧路人的眼光，很吸睛！」於是，外表對外國人來說不是重點，「個性」才是勝出的關鍵！畢竟外在可以複製，但個性卻能讓人獨一無二。

「邊走路邊唱歌」這個Shane提到的例子，在台灣根本就是惹人側目的行為。然而，女生笑不掩嘴，作風毫不掩飾，甚至喝酒抽菸，在亞洲被定義為過於放蕩，在西方則被認為盡是情展現自我，比扭捏造作來得有魅力。日本之前流行「萌」這個形容詞，讓有些女生開始追求「萌」的境界，於是講話故意娃娃音，眼睛也總是睜得大大的，裝出天真無邪的模樣，加上笑起來不自然、不大方，靦腆害羞的樣子反而過於矯情。或許，這樣在亞洲男生眼裡會覺得萌萌的、超可愛，進而升起保護的慾望，但在一般西方人眼裡，會覺得這個女生很奇怪，令人忍不住尷尬癌發作，而這也正好符合英文單字 **airheaded**，翻譯成中文不是天真無邪，而是無知、犯傻、狀況外。

時代在進步，網路拉近了彼此距離，世界也融合成地球村。現在交友約會對象選擇多多，和外國人交往跟出國旅遊動機差不多，反正都是體驗異國風情文化，只不過入境前者憑下體，後者憑護照。看到這裡也許有些鄉民會吱吱叫說：「對！有的台灣女生看見外國人腿就張開了！You are cheap. You are easy. Whore! Slut!」鬼吼個沒完。不好意思我講話比較直白，其實不僅僅對外國人，現在很多地方男女的交往也像在嗶悠遊卡，全憑下半身刷卡進出；性愛確實是互相交流的一種模式，台灣男人嘴巴吱吱叫，結果自己在 **APP** 上約炮也沒少，簡直雙重標準，可以直接無視。

所以，無論是本國外國，女人要吸引男人的目光其實不會太困難，稍微秀一下長輩，亮個車頭燈就OK。如果想要的是性，內外在放兩邊，用約炮軟體揪一下，雞加酒雙人就能立馬成行（說得跟自由行一樣）。但如果妳追求的是他們留在身邊並且真心相待，光靠兩腿間的鮑魚行不通，個性仍舊是致勝關鍵！時時刻刻都be yourself、love yourself，把自己訓練成最獨一無二的特別女人，相信不管他是台灣男生還是外國男生，都會主動靠近，也不會像風一樣的男子輕易自由來去囉！

2 當個讓男人戒不掉的女人

已經忘了從哪裡看到這麼一句話：「女人，別當男人手裡的香菸，被利用完就像菸灰被輕易彈掉，要當就當讓男人上癮的毒藥：要嘛，惹不起；要嘛，戒不掉。」精準又中肯的言論，當下讓欣西亞想起立鼓掌。

問題是，就我多年的觀察，很多女人無論再如何精明跟厲害，一談起戀愛，就立刻心神喪失，鬼遮眼不說，還頭也不回地往菸灰之路疾馳而去。結論是：知易行難。每個人都想當致命的毒藥，每個人都想讓另一半對自己上癮，愛個死心塌地，只是還掌握不到方法。於是今天欣西亞就來分享幾個小撇步，讓妳從快被彈落的菸灰變成讓男人銷魂的毒藥！

——撇步一：先刷存在感制約他，再收回他對妳的習慣

一失足成千古恨，再回頭已百年身。要一個人產生毒癮，一定要先把毒品介紹給他，先讓他體會藥物作用後的飄飄然，等到深陷下去，他便再也離不開這要命的壞東西。很多女人在喜歡的人面前常常會突然多出不必要的矜持，認為先釋出善意是隨便，先表達好感叫倒貼，讓我覺得很 WTF。因為這只是在鋪哏，不是在幫他鋪床；妳也只是開球，不是張開大腿，要魚兒上鉤，好歹也得先丟出魚餌，否則一切攏 NO 素。剛開始的存在感要靠自己刷，無形中成為對方的陽光空氣水，等他習慣了，才能體會缺氧的窒息感。

刷存在感的方法有很多，譬如固定幫男人送上一杯熱咖啡，不但將他的胃照顧周到，還順便綁架他的味蕾。或是在他周遭時噴上慣用的香水，挑逗他的嗅覺，加深他對妳的印象。日復一日對方也許沒察覺，但一旦失去了，偶然啜飲某牌的

咖啡，或突然聞到空氣中熟悉的香氣時，他自然會在想起妳時，在心頭引發失落悵然的連鎖效應。

——撇步二：別把他當作妳人生的中心，妳也不該只繞著他打轉

可能女人天生充滿母愛，所以一旦愛上了，就會忍不住對喜歡的人噓寒問暖。凡事以他為優先的後果就是：把暖男寵成慣老闆，把妳的付出視為理所當然。於是，他還沒來得及對妳上癮，妳就已經先無可救藥地陷下去，自己還沒變成令人戒不掉的毒藥，反而對男人的使壞不可自拔，搞得吃苦當吃補。Get a life，建立自己的生活圈，培養有熱情的興趣，才不會永遠都在等他約妳出去。此外，當他問妳有沒有空，妳還要 check 一下行事曆，裝模作樣都好，不要害怕讓男人等，排隊

跟抽號碼牌是多數台灣人的興趣，妳要立志當一蘭拉麵，而不是唾手可得的味味A排骨雞麵。

撇步三：讓他難以對妳一手掌握

「做一個讓男人難以一手掌握的女人」這句話原本指的是女性罩杯的大小，是說如果事業線深似海，那也只有加分沒有扣分。不過這裡指的是「海底針似的女人心」，就算他已經摸遍妳的全身，也千萬別讓他摸透妳的心理。在還沒有正式確認兩人的關係前，不要給他「我已經是你的」的安全感，而在一起交往後，更是不要給他「我已經是你的」的安全感，說穿了：貞操可給，青春欸肉體可拋，但如果你對我不好或欺負我，我一定會跑。

另外，很多男人喜歡轉扭蛋，因為不曉得裡頭裝什麼，所以打開那一瞬間才顯得樂趣無窮。如果裡頭的內容物一成不變，外觀永遠看起來一模一樣，他連投幣都「性」致缺缺，更別說要轉妳的扭蛋了。所以，偶爾換個造型、來個角色扮演，化被動成主動，都能為生活增添刺激。當妳在床上是「三個願望，一次滿足」的健達情趣蛋，快到結尾還會有彩蛋，男人對妳也只能像對毒品般欲罷不能。

說了這麼多，如果以上撇步妳深怕做起來抓不到竅門，我再給大家一個原則。人人都不願做香菸，那麼請想像一下吸菸的過程：點燃、吸吐、輕彈、撚熄，每個動作都被男人玩弄於股掌之間；整個過程也濃縮成「呼之即來，揮之即去」八個字。切記！當女人總是跟男人 say Yes，他就永遠不會是妳的 YES man。談戀愛可以衝動，但不能不奸巧，因為這是一場只能智取不能力敵的遊戲，懂得自尊、自重、自愛，妳就會是舉手投足都充滿吸引力，又教人上癮的致命毒藥。

3 女人的「幫夫運」，如何養成？

最近又把好萊塢經典名片《金剛》（King Kong）看了一遍，當金剛不堪飛機瘋狂掃射然後從帝國大廈墜落地面時，有人說了一句：「不是飛機殺了它，而是美女殺了野獸。」（It wasn't the airplanes. It was beauty killed the beast.）頓時讓本人恍然大悟：原來整齣戲演的就是「紅顏禍水」四個字。

紅顏禍水幾乎人人避之唯恐不及，坊間也有以下二說。一是斷掌，指的是感情線和事業線重合成一條線貫穿掌面而過，古人曰「男人斷掌掌朝綱，女人斷掌守空房；男人斷掌千金享，女人斷掌害爹娘」，因此老一輩深信女人斷掌會為家門帶來不幸。二是白虎，也就是下體無毛，據說剋夫帶塞，使得家運無法興旺昌隆。

當然以上只是民間謠傳，因為欣西亞本身熱愛清爽又一目瞭然的下體，所以總是剃個精光在家裡走跳，滑嫩皮薄的口感就像剛下好的水餃，Shane 特別愛吃，也沒見他衰過（咳！以上這段是自捧無誤，還請大家多多包涵）！廣告和商業合作依然接到手軟，證明一切都是空穴來風。然而，雖不至於是禍害，但社會大眾對一個女人是否能「幫夫」多少頗為在意，否則命理節目不會三番兩頭針對「幫夫運」面相做分析，像是下巴豐滿、耳珠厚大等，似乎成了選媳婦或挑老婆參考的依據。

不過，在美容整形發達的現代，按照旺夫特徵在臉上依樣畫葫蘆也不是件難事。說到底，女人的幫夫運在外觀能打造，在個性上更能養成！要如何成為男人事業上的得力助手，而非是毀了對方大好前程的薄命紅顏，欣西亞有以下 guideline 提供大家參考。

一、擅理財，能對數字精打細算

不管男人有錢沒錢，領的是22K還是年薪上看百萬，女人都該訓練自己擅於理財，不一定要專精於投資或股票買賣，但起碼對生活開銷懂得節制，省錢存錢懂得精打細算。我看過太多年輕妹仔談戀愛的方式是要對方貢獻名牌包或出國旅遊，結果男人交往起來快活，但娶回家很卻步。因為開銷太大，等年華老去就不符合投資成本。缺乏金錢觀念、守不住財的女人絕對沒有幫夫運，而是渾身散發讓家人潦倒的窮酸氣。

二、當男人失意時，妳還願意守在身邊陪他站起來

「夫妻本是同林鳥，大難來時各自飛」，夫妻要同甘很簡單，若能共苦就是患

難見真情了。只可惜很多女生在挑男人的時候，會一廂情願把對方單打獨鬥來的成功視為自己的功勞，而當他做生意失敗時，還一味怪罪是對方的不小心。幫忙有許多層面，也許妳無法讓他轉虧為盈，但在另一半受到挫折時不離不棄、忠實守候，不但是幫夫的一種，也是最具行動力的溫柔。

三、嫉妒和吃醋，請用對地方

在台灣，很多生意上的case，是在酒店被談成的；很多重要的合約，是在小姐的簇擁下被簽訂，愈是酒酣耳熱，愈多鶯鶯燕燕，似乎就愈能保證事業蒸蒸日上。當另一半踏進這種場所，很多確實是身不由己，不管他是純粹為公司，還是一半玩樂一半談正經事（這也只有他自己心裡清楚），女人嫉妒或吃醋，那就是給自己找麻煩。當然，做不做得到見仁見智，我聽過有老婆在老公喝得醉醺醺，渾身香水味回家照樣放熱水澡，她的原則是：只要逢場作戲，只要不帶禮物（舉凡：口紅印、草莓印，當然也不能假戲真做）回家，她就可以不過問。如果妳自認做不到，那就請老公離職，但不能要他賺錢又抱怨他的社交方式，不然有本事把老闆同事客戶全約回家，自己下海倒酒當小姐。

四. 當個全方位的賢內助

有句話是說：「出門是貴婦，在家是賢婦，床上是蕩婦」，雖然聽起來多少有些沙文主義，但不得不說確實是男人的真心話。要養成幫夫運，妳就必須讓自己成為全方位的女人。以欣西亞本身為例，我不但是照顧 Shane 生活起居的老婆，偶爾也充當經紀人，幫他協調工作，準備上節目的內容，有時候還是助理，在他拍廣告的時候跑腿買東西，甚至讓他在家人面前扮演好女婿的角色。總之，在不同的時刻扮演最適合的角色，老公運勢不旺也難。

最後，身為女人和人妻，欣西亞從不要求自己當個大女人或小女人，我只當個「能屈能伸」的漢子。男人得意，我為他鼓掌喝彩；男人失意，我願意幫他撐起一片天，因為我知道Shane會為我做同樣的事。兩性相處最重要的就是「互相」，畢竟風水輪流轉，低潮高潮難免碰到，時時刻刻設身處地為對方著想，並在必要時當他堅強的後盾，妳就是最有幫夫運的女人。

4

告訴男人：麵包我有，你給我愛情就好

無意間在FB滑到一段讓我贊同萬分的話：「女人一定要有錢，口袋裡的自由，決定著你一生的幸福，也決定了你臉上笑容，更能在遇到對的男人時有底氣地說：麵包我有，你給我愛情，就好！」這句話聽起來簡單明瞭，但認真說，又有幾個女人做得到？

我常常在心裡為台灣男人覺得不公平，交往時接送女生上下班是必備，出去約會幫忙付錢是基本款，更別說生日過節要準備禮物，偶爾要上摩鐵開房間才叫做懂得情趣。這些開銷有點類似「定期定額」，時間一到費用就會自動從戶頭被扣款，廣告告訴我們：「投資一定有風險，資金投資有賺有賠，申購前應詳閱公開說明

書」，只不過，某些「女朋友」基金在申購後，台灣男人似乎賠得多賺得少，錢有去無回，有的甚至還散盡畢生老本。因為她們認為愛情跟麵包應該要綁在一起，「喜歡我就幫我付錢」，另一半給了愛情，還要出得起麵包，但自己說幫夫不幫夫，要旺夫還真沒旺夫。若說紅顏易老，那妳本身就是個不會漲只會跌的賠錢貨，價值如同一隻壁紙股票，帶回家只會全盤皆輸，憑什麼要男人在妳身上投注？

結論是，女人一定要讓自己有身價，有了身價，聲勢才不會隨著青春流逝，妳才能在新人輩出中看漲抗跌，在愛情裡成為霸氣的姊，而不是窩囊的妹。

大多數男人嘴巴上喊「白手起家」，其實心裡多少想著「若能少奮鬥二十年多好」；大部分女人說「我不靠男人」，但如果對方有能力提供長期飯票，她大概也會對他多考慮一點，甚至多委屈自己一些。不然你覺得郭台銘當初如何「贏取」

嫩妻，因為他本身是一個強到不行的強勢貨幣！雖然這個世界上真愛難尋，但有錢絕對會讓你更快找到，所以他們在我眼裡確實是 true love。

總之，說現實不分性別，講勢利眼無關男女，畢竟這就是人性！而當一個人口袋有錢，能挑的選項就多；當一個人口袋沒錢，往往就等著被選。但女人青春有限，沒幾個年頭被挑三揀四，風頭過了就淪為花車上的換季商品，假使不想被清倉大拍賣，唯有存摺裡的數字可保妳不被汰舊換新。

妳要在愛裡霸氣，那就必須有底氣，這個底氣除了骨氣，還來自有老本；有老本才不用靠男人，不用靠男人就不必看他臉色！所以第一句話才會開宗明義說：女人一定要有錢，口袋裡的自由，決定著你一生的幸福，也決定了你臉上笑容。因為靠山山倒，靠人人跑，靠自己，任何事的決定權就在自個兒手裡，沒有人拿得走。

我們都追求吃漢堡要配薯條，因為這樣搭配才最痛快，但愛情裡的麵包並非是有大塊肉排的漢堡主菜，它就只是澱粉類的薯條，是陪襯，不一定最必備。當女人有錢買得起漢堡，有能力顧及肚裡的溫飽，她才能盡情享受愛情帶來的加分。舉個例，當服務生送上妳點的漢堡時，薯條幾乎是隨餐附贈，很少情況是點漢堡卻不見薯條的，這也證明：有錢了，不必刻意欽點，愛情通常主動送上門來。

「那如果我買不起漢堡，但男人卻只能給我薯條，怎麼辦？」妳嘟著嘴問。我會說：「請他記得跟店家拿番茄醬，因為就算只是小薯，但沾了番茄醬，吃起來也非常過癮！」意思是當兩人目前只擁有愛情，那就享受它附贈的一切效益，即便微小。相信兩人一起邊吃薯條，然後同心協力共同為漢堡打拚，那也是一種成就感。然而，我還是鼓勵每個女人努力讓自己成為績優股，讓本身變成強勢貨幣。因為存摺中的數字代表妳能笑得多開心，戶頭裡的多位數顯示妳獨立自主的能力；

身價才是終身幸福的保證。然後站在對的男人面前，女人才能霸氣、流露自信地說：「親愛的，麵包我有，你給我愛情，就好」。

5

男女價值觀不同，怎麼辦？

親愛的欣西亞：

我是一個三十五歲的女生，是公司的高階主管，戶頭裡也有點存款，我跟現任男友交往差不多一年，兩人感情很好，也有考慮結婚，但我發覺彼此的價值觀非常不同，我比較願意把錢花在享受，而他則是務實，有時似乎還太過精打細算，這點讓我頗為在意，請問妳有什麼好建議嗎？

From：不是住在天龍國的巧巧

親愛的巧巧：

老實講，妳的煩惱也是欣西亞的煩惱（登愣！），而我們的煩惱絕大多數的女生都有，還不分年齡！只要有在談戀愛，甚至步入婚姻，大家多少都必須面對這樣的問題。原因是男人和女人對用錢的態度真的不一樣，譬如說我們偶爾興起想來杯星巴克，結果他覺得買小7的City Café就夠了，反正都是咖啡，喝起來差不多。再例如安排假期，我們想去日本或韓國，但他認為機票錢太傷，來個國內旅遊也能放鬆，吃套餐跟吃路邊攤都是填飽肚子，只是後者更經濟實惠，五星飯店SPA跟士林飛來發都叫按摩，那何苦做貴婦療程砸好幾千？

結論是，在花錢上，男人追求的是目的，女人重視的是過程；男人是有得到就好，女人則是除了得到，心理上還要滿足滿意，否則便淪為一場差強人意的消費經驗。其實不僅僅用錢，性愛也有異曲同工之妙，男生多半只求射完洗洗睡，而女生要的是氣氛、前戲跟溫存，還有事後的抱抱談心。

很多情侶或夫妻在面對價值觀不同時，當一方覺得「不要花那麼多錢」，另一方很容易脫口而出：「沒關係，那我來付！」這句話如果是男生說，通常是皆大歡喜外加滾床單收場；但若是女生先說，那你們要面對的很可能是一場風暴。因為雄性心理是很弔詭的，說是互相幫忙、男女平等，但對錢難免有種「誰付錢誰是大爺」的奧客心態，如今爺兒成了娘們，怎麼說都傷他自尊，面子沒處擺，又不好承認是自己的問題，只好指責女生太奢侈拜金。於是，結了婚的人想著老婆不懂持家還是離婚好了；交往中的人顧慮女友娶回家很難養，還是分手比較乾脆。聰明點的女生跟男友爭執了幾次，後來也就摸摸鼻子嘴巴閉閉，日後吃好的、住好的找姐妹淘一起行動，然後私訊問欣西亞該如何是好？

我給大家的建議不是我行我素，不是隱忍，不是找閨蜜吃香喝辣然後把男人摒除在外，而是溝通！折衷！再折衷！

想當初跟Shane結婚後我才發現他精打細算得小氣。像我說要買衛生紙，他會花上半天在賣場研究是雙面還是單面？共有幾抽？然後再換算成最小單位找出最划算的商品，計畫出國，他就會搜出廉航機票搭配青年旅社的行程。我說要喝星巴克，他連小7都省了，直接說：「回家我泡給你喝。」民生用品他愛怎麼貨比三家，反正別占用到老娘的時間也就罷了，但其餘兩件事我實在無法退讓……

「人家就是想在星巴克來一杯，因為喜歡那裡的氣氛……」

「本人出國就是為了享受，所以要睡好的旅館，不然寧願躺在家！」

說穿了，每個人對如何花錢都有自己的理念，與其告訴男人「我想消費〇〇〇」，倒不如對他傳達「我想消費〇〇〇的原因」，一旦說出口，對方就會理解跟尊重，女人的堅持也比較不會視為任性。有了溝通，下一步就是折衷，畢竟他不見得對妳的理念都會認同。

「北鼻，五個晚上，我可以三晚住5星飯店，其他兩晚住3星。」

「你陪我喝星巴克，但我們share一杯咖啡就好了。」

我後來跟Shane這麼商量，就像黑羊白羊過獨木橋，大家各退一步，我錢少花點，他多追加些預算，雙方斡旋後歡欣成交。

男友跟自己的價值觀不同其實不足為奇，畢竟一種米養百樣人，很多時候無關收入高低，而是來自家庭教育的影響。因此，請各位女生千萬不要覺得跟CEO交往，就會有收不完的名牌禮物，或嫁入豪門，就能每天吃米其林星星的高級大餐。

就我所知，有些大老闆雖帶老婆出國坐的是豪華頭等艙，但卻是出差飛行累計出來、不用白不用的里程數，他們白手起家所以生性更為節儉，約會去處反而是我家牛排、麥當勞等平民美食。

既然難以預料對方的用錢是否和自己同步，當價值觀不同時，溝通和折衷才是良好解決之道，不要只想著放生，因為下一個不見得會更好。

6

慣男友，拒當愛情裡的廉價勞工

某天開直播和大家聊天，談到亙古名言「愛丟卡慘死」這五個字，我呼籲大家在愛裡千萬不能讓對方吃死死，結果線上立刻有觀眾留言：問題是，到底要如何才不會被吃死死？因為我每次不但被吃死死，還是被吃乾抹淨的那一個（淚）……

老實講，在欣西亞看在提問的moment，腦袋飛快竄出：「啊就不要被吃死死就好啦！」但在看過許多在愛裡鬼遮眼所以當局者迷的苦主，相信憑這簡短的回覆是無法一巴掌呼醒他們的，因此還是以這篇文章，獻給全天下被吃也沒被吐骨頭的受害者。

職場上流傳著一句：「不做最大」，那麼在愛情的修羅場裡，就有「不愛最大」

的至理名言。可惜很多人一談起戀愛就撩落企，深怕失去愛人所以甘願做小，這個「小」可能是接受他有其他女人，讓自己變成小婊子，或是直接將尊嚴踩在腳底，整個人就矮他一截。要知道，當妳把自己縮小，就是增長對方的氣焰，助紂為虐。

很多時候，男人會「呷妳夠夠」絕對不是天生流著霸凌的血液，而是女人一手寵來的。這個現象跟台灣勞雇關係有異曲同工之妙：勞工害怕丟工作，所以對雇主的要求百般忍讓，「合理的要求是訓練，無理的要求是磨練」，資方覺得壓榨死老百姓是天經地義，原本的好老闆就成了慣老闆。妳害怕失去男友，所以言聽計從、犧牲奉獻無怨無悔，他當然予取予求；男人對妳的愛習慣成自然，不知珍惜外，也覺得糟蹋妳實屬應當，久而久之，好好的暖男就成了「慣男友」。

於是，全聯徐總裁說：「不要太計較薪水比別人低。」慣男友就會說：「不要太在意我付出的比較少。」遠東集團老闆說：「年輕人不要怪政府，要想辦法彌補自己不足的地方。」慣男友就照樣造句：「女朋友不要怪我劈腿，先提升自己變成林志玲等級的女神再說。」上述句子聽起來非常荒唐，但確實有人害怕被男友 fired 掉所以照單全收，反正千錯萬錯都是我的錯，所有的問題都是老娘的問題，然後再來問欣西亞：「by the way，要怎樣才不會被吃死死？」我也只能直接呼巴掌要妳清醒惹。「不做最大」淪為口號員工就不會有出頭天，「不愛最大」只打嘴炮妳就會變成炮灰，拒絕不平等待遇的方法很簡單：東西收收，屁股拍拍，閃人！

離職信丟出去，頭家才會醒悟如果不善待部屬，員工也是會跑的；勇敢提出分手，慣男友才會驚覺原來女朋友不會一直在身旁做牛做馬。他對妳不好還有別人要對妳好，如果還沒有別人要對妳好，妳總可以對自己好吧？前提是妳有沒有為自己挺身而出、幫自己主持公道？也許豪邁丟了離職信老闆並不會強力慰留，但，難道妳甘願被不惜才、不愛才的慣男友吃乾抹淨，硬生生失去自我，然後等他找到更貌美優秀的下一任員工再開除妳嗎？

基督徒說：信主得永生。欣西亞說：愛自己好自在。也就是再怎麼愛都不能受委屈，再怎樣需要錢也不能讓老闆作賤，因為我們一旦讓愛人跨越了尊重的那條線，接下來就得面對被得寸進尺、軟土深掘的殘局，怪罪他為何呷人夠夠？要先檢討是不是咎由自取，否則聽見對方一派輕鬆回：「我從來沒逼妳，一切都是妳自願的！」聽起來更令人不勝唏噓。

愛人，很好，但前提是男人懂得珍惜。不被珍惜的愛就像血汗工廠裡的廉價勞工，沒日沒夜加班、掏心挖肺給予最後只獲得不成比例的報償。過勞死不能完全怪政府，勞工也要負責任，就算換老闆，自己死性不改，大仁哥照樣被妳寵成劉文聰！所以，求人不如求己，不想要「愛丟卡慘死」，那就先不要被吃死死，如此簡單的概念，還是要「身體力行，做好做滿」才會讓妳在愛裡成為作主欸頭家。

7

渣男配婊子，妳是嗎？

身為大家愛情苦海中的一盞明燈，欣西亞的 FB 粉絲專頁常收到各位苦主的私訊，其中出現頻率頗高的竟是「如何從小三升等為正宮？」看來腳踏兩條船的男人還真不少，一邊扮演情深意重男朋友，另一邊則是狼心狗肺爛渣男，然而和他聞雞起舞的女孩也是食髓知味，一夜情不夠要十二夜，做炮友不夠還要做女友！本分盡了卻還想踰矩來個鳩占鵲巢，明明是露水姻緣，但假使動了真感情，任誰都是自私又貪得無厭啊！

而且這些小三們都有一個共同點，就是會跟我們不斷強調兩人是多麼契合，像是「他說我比女友在床上更能讓他爽」、「我們的下體非常合得來」、「他說我在性方面更能滿足他」，但以上敘述在我看來都只是「一個蘿蔔一個坑」的交合，是說要把他的蘿蔔放進別的坑裡也一樣match。所以這樣的說詞只是為了降低她的罪惡感，然後將篡位這件事合理化，安慰自己幹掉正宮是天經地義，畢竟你們做起愛來是如何轟動武林。當然，除了性器相投，小三也會說男人是如何稱讚她們善解人意，溫柔乖巧，不像身旁那個人情緒難以捉摸，翻臉如翻書，怎麼說都是外面的最好。

但親愛的妹子，難道妳真的有那麼傻？如果第三者不是隨call隨到，生活上不用相處、不用哄、不用送禮和廢話，見面直接脫褲、解開衣服只有單純的抽插，玩完還能揮揮衣袖不帶走一片雲彩；然後妳還懂得自己叫55688，兩人再見不聯絡直到下次啪啪啪，plus噴完可以立馬鳥獸散……，這種簡單的輕鬆活誰不想幹？只有女友那種高科技才需要維護保養，外頭找個有溫度的飛機杯簡單便捷，硬了打完就能洗洗睡，更何況小三的功能就是射好射滿。請仔細想想，如果今天妳成了女友，當男人因為工作抽不出時間約會，因為生活壓力亂發脾氣，長期相處我看妳還能如何善解人意？而當他對妳常言詞閃爍，行蹤交代得不明不白，疑似有了其他人，妳是否也會疑神疑鬼讓情緒忽高忽低？

說穿了，「做愛容易相愛難，相愛容易相處難」，從小三升等為正宮，他對妳就必須從一個炒菜用葵花油清爽無負擔的態度，變成情深意重負責任的忠實男友；好玩的關係結束，剩下穩定交往中有溝通、有爭吵的現實。妳準備好了，但他不見得想要。

再說句更實在的話：「他有女友，卻還是跟妳上床，是渣男；妳明知道他有女友，卻還是跟他睡，便是婊子！」不是故意口出惡言，只是說出事實、要一巴掌呼醒妳。男人的想法是很扭曲的，對於偷情的對象，嘴巴上喊親愛的寶貝，但其實是下半身邊抽插邊在心裡嫌妳賤！因為這就是人性。當他擺明就是死會的人了，妳卻還願意送上肉體兩腿開開，難道男人還會把妳看作是清清白白的正經角色嗎？尤其渣男往往不會覺得自己渣，但會覺得跟他和在一起的女人婊；他不認為自己出軌的行為爛，是跟他一同偷情的女人髒，玩一玩快活快活可以，但娶回家當老婆就是想不開了。自古唯有渣男才會配婊子，他看不清沒關係，但妳沾染了是犯賤，視為真愛更是犯傻。

愛情中的卡馬輪迴「怎麼得到，怎麼失去」，今天妳睡別人的，明天其他人就來睡妳的；今天妳搶別人的，明天別人就來奪妳的。如果爭破頭搶到的是個寶也就罷了，但處心積慮後得到的獎品是塊渣，爽到只是贏了的虛榮心，抱坨屎在手上根本是污了自己。不想淪為婊子就是自己先別成為婊子，遠離渣男就是第一步。

切記！妳縱容他使壞並非包容，而是識人不清；跟他一起犯錯並非愛情，而是作賤自己。別再相信男人滿口說如何愛妳，他要是真的愛妳，就不會沒良心要妳做小婊子。每個女人都該認清：破鍋加爛蓋，極好；渣男配婊子，絕配。如果不想愛情總是帶塞，那就是不要沾染渣男的衰洨，提得起老二就要放得下，否則還是把腿夾緊一點，才是正道。

8 幸福，不「性」福

「魚和熊掌不可兼得」是大家耳熟能詳的一句話，在古代，魚和熊掌都是很美味的食物，若兩者只能取其一來食時，那將會是一個很困難的抉擇。不過事實證明，在現代，只要有錢，能夠「全拿」的人比比皆是，誰還管它是魚還是熊掌？這世界上能兼得的東西也愈來愈多。

阿恩勾把「幸福」和「性福」放在天平的兩端，恐怕很難有人在這道選擇題中圈出完美答案。妳愛的人天生殘疾床功又差，每次開工都餵不飽妳，制式的步驟像在跑 **SOP**，沒 **FU** 到讓人很想滑手機看看 **FB**，不然就是腦海自動播放人生跑馬燈，把出生到至今最歡樂的性愛 **moment** 都溫習一次：那個○○○很會幹，每次出動公狗腰就會把妳捅到要飛天；還有那個某某某 size 夠大又帶勁，做好做滿絕不馬虎，使命必達的 style 雷厲風行……。

結果場景又拉回現場，妳看著眼前這個辦事能力不佳的青年才幹，啪啪啪只有爽到他然後甘苦到自己，忍不住覺得性愛好像在做公益，面頰頓時落下兩行清淚。於是妳懷念起從前那些被上香就發爐（人家還是大龍炮來著）、滾床單就熱鬧到火樹銀花的日子，問題在於這個人是你的真命天子！Mr. Right 什麼都對但就是尺寸有誤！或是在下面怎麼找都會迷路，他走過路過就是錯過，雖然找不到 G 點，卻總是能戳中妳的笑點。雖然無法裝滿下體，卻能在心靈上給妳最大的滿足，能給妳幸福的人卻讓妳不「性」福，究竟該怎麼辦？

首先，針對天生無殘疾只是床上一夜乾的自閉屌，如果妳對炒飯頗有心得，孃美總鋪師還願意開班授課，也許能在開工時引導對方：「嗯，這樣好舒服」、「寶貝你好棒」，他做對或摸對就立刻感嘆 seafood 讚嘆 seafood，那他對妳的海鮮拼盤一定更上心，受到鼓勵後從害羞自閉變身為活潑外向的花俏男。不過，就我所知，很多女人在床上習慣偽裝，舒不舒服都喜歡浮誇亂讚美一通，結果長期誤導男人以為他們都做得很對，這時候再糾正已經麥唬啊（台語：來不及惹）。這時候可以換個方式，帶著他一起嘗鮮，利用角色扮演的方式製造新鮮感，買些道具幫助融入劇情，好比演出「24小時性愛病棟」，就必須搭配護士帽跟醫師白袍，若是「格雷的五十道高潮」，則要準備好皮鞭和眼罩。很多阿宅在適當的引導下就會換作另一個人，大膽製造情境，就會誘發每個人內心瘋狂的表演慾。

不過，若是碰到迷你雕或奈米屌，我只能引用 Nokia 說的「科技始終來自於人性」。市面上很多電動的跳蛋或假陽具，造型功能琳琅滿目、尺寸多多任君挑選，裝兩顆金頂電池，小兔子就會敲鼓長達好幾個小時；只要妳的鼓 hold 得住就不怕餵不飽，保證餵得飽還讓妳飽到吐。其實我認為也別忌諱拉親密愛人一同加入，有時候尺寸不夠不一定就無法帶來高潮，畢竟人體構造是很微妙的，也許裡頭裝不滿，但靠外面摩擦一樣能讓小宇宙爆炸，教人含笑半步癲。

利用性愛玩具，對他示範自己身體的種種開關，把這個當作前戲的一部分，不但能達到讓男人「邊看邊學」的目的，視覺的饗宴能讓他獸性大發，搞不好在真假陽具互相加持之下，為女人帶來的感受也會前所未有。

結論是，當女人面臨性與愛無法兼得的困境時，先不要過於苦惱，有道是「窮則變，變則通」，善用道具和方法，小小兵也能立大功。重點是，另一半在床上是否會體貼妳的感受，而不是永遠都只顧自己爽，爽完直接洗洗睡，而是注意妳的每個動作，觀察妳的每個表情，然後兩個人一起擁抱高潮。說穿了：屌大無腦的男人也很多，size 不再是性福的唯一保證，而是要時時懂得提升自我，將技巧升級，才能帶給彼此最棒的性愛饗宴。

9 成人的誘姦

二〇一六年因為撰寫《房思琪的初戀樂園》一書的美女作家選擇結束自己生命，「誘姦」兩個字頓時成了google上的熱門搜尋，網路上很多人對「誘姦」的定義加以探討，我個人認為比較中肯的說法為：在違反被害人意願下強迫使之發生性行為，無論幾歲都算「強姦」；無違反被害人意願與之發生性行為，但被害人未滿合法性交年齡，則視為「誘姦」，而且行為還是犯法的。

很多人以為只要對方「成年」就能交媾，但更精準地說是必須達到「合法性交年齡」才不算觸犯法律。台灣的合法性交年齡為16歲，美國則因各州不同，為16～18歲。然而，弔詭的來了，台灣考駕照需年滿18歲，行使投票權為20歲，看來大家對青少年的判斷能力，普遍都認為至少要到18歲才算健全，結果咧？合法性交年齡竟然比行使投票權更低！社會似乎認為只要一名少女（或少男）身體發育成熟就可以做愛了，希望他們對 sex 這件事有足夠了解，並且「想清楚再上」，似乎不是優先考慮的範疇。難道對性愛態度謹慎，更加深思熟慮，比起開車、投票對維持社會秩序並無幫助嗎？我當然不這麼認為。

不過事實又證明，就算超過20，甚至30、40好幾的年紀，很多女人對上床的對象仍然識人不清。當初兩腿自願張開，但事後悔恨的也是大有人在，因為在新聞事件過後，我看到好多熟女跳出來分享自己的案例：有的是被已婚男人引誘，有的是被辦公室上司誘惑，有的是被有生意往來的客戶……，「誘姦」二字頓時被濫用，因為她們明明都出於自願發生關係，卻口口聲聲說自己是受害者，但我看來多半是因為受到輿論和道德壓力，企圖擺脫內心的罪惡感所以大放厥詞。

是說：如果定性夠，腿又夾得緊，男神金城武都占不到妳的便宜！未成年青少年的誘姦也許還有法律能伸張正義，但對於我們這些輕熟女、美魔女的成年人，要如何保護自己，除了兩情相悅，還求啪時愉悅、啪後滿足，沒有吃虧的遺憾，那實在是門大學問。畢竟坦誠相見、滾了床單後覺得被利用，卻把責任全推到男人身上，嚷嚷著自己是被「誘姦」，不免有些豪洨。

我曾經在節目裡頭說過：君子坦蕩蕩，小人常姦姦。「姦」這個字暗指用欺騙或施展手段所發生的不正當的性行為，因此會做的絕對不是正人君子。成年人要避免被誘姦，首當其衝就是在公眾場所酒別喝太多，因為酒會亂性，會讓人失去判斷，肖豬哥都可能看成大帥哥，男人甜言蜜語便能攻其不備，等人清醒後發現自己睡了個天蓬大元帥，再指責對方人格就顯得low了。另外，若不想碰上迷姦或撿屍，飲料不離手跟不離開視線是重要關鍵，最好也不要接受陌生人請的酒，因為妳永遠不曉得裡頭是否被加了迷魂劑。時時提高警覺，才不至於在玩樂時成了犧牲打或炮灰。

在曖昧期間也要小心，約會對女人來說是了解彼此的過程，但對很多男人來說，這兩個字只是上床的前戲，帶妳上餐廳是希望妳酒足飯飽後，等下還願意給他吃乾抹淨；約妳看電影是想先在暗摸摸的環境醞釀情緒，結束後可以繼續關燈後的娛樂活動；送妳禮物是期待女人拉開緞帶後能順便鬆開自己的衣衫；跟妳談心、聽妳訴苦是為了揉上香肩，接著親吻愛撫，最終目的是要妳心甘情願被督進去。「先摸頭，再壓頭」的策略說穿了跟誘姦有異曲同工之妙，如果無法確定他要的是一夜情還是穩定交往，也無法提得起放得下，腿張開不如手放開，一開始就把該夾緊的夾緊，才不會有那麼多嘆息。

既然是出社會工作的成年人了，將空氣裡的情慾流動身體力行到床上的活塞運動，無論是男是女都要有所擔當，畢竟一個巴掌拍不響，兩個性器相投才會聽得見啪啪啪。英文有句話是：Fool me once, shame on you; fool me twice, shame on me. 愚弄我一次，是你可恥，愚弄我兩次，是我可恥。如果自認被引誘是男人使壞也是對方的錯，那就把它當作寶貴的一課，記取教訓避免再犯；假若同樣事件一而再、再而三鬼打牆發生，老是在睡了之後才懊悔萬分，那絕對是下半身控管異常，是妳自個兒的問題了。

10 離婚男，值得託付終身嗎？

欣西亞身旁有一票超過35歲的女性朋友，根據我對她們的觀察，裡頭很多都是在公司擔任主管職、月薪優渥的單身女郎，加上理財有方，雖然稱不上女首富，但也是早已脫離小資女的個體戶。總之，自己賺錢自己花，生活具有高度品質，每每讓不小心滑過FB頁面的我心生羨慕。今天難得她們說要喝咖啡，我立馬一口答應，手刀赴約。

「我最近跟一個男人交往，兩人各方面都很合得來，但他離過婚，妳覺得這樣的男人能論及婚嫁嗎？」今天，熱咖啡才端上來，對面的A已經迫不及待問我。「什麼？離過婚？那他有小孩嗎？妳要知道現在當人家後母很辛苦的……」坐我身旁的C開口嚷嚷，她一直覺得當「媽」是全天下最艱鉅的工作，更遑論小孩還不是自己生的。「各方面合得來……除了個性和收入，也包括金錢價值觀嗎？」B問得很仔細。由此得知，要獨立自主的姊甘願變成已婚婦，男人的財力跟消費模式是否能匹配是她們最關心的點。看到A篤定點頭，我知道她是很認真在考慮這個對象，畢竟在單身熟女的世界，要找到一個對錢是「會賺敢花」，對生活是「懂品質肯享受」的另一半，多麼可遇不可求。

離過婚的男人是否值得託付終身？我認為答案因人而異，觀點也是見仁見智。光是對方有沒有小孩就是一個很大考慮的點，朋友C說得沒錯，當人家後母是很辛苦的，我們都看過白雪公主的故事，雖然跟國王再婚的皇后確實很壞，但不難窺出繼母的不安全感，深怕配偶對子女的愛遠超過對自己。就算不這麼想，孩子能否接受妳的管教也是關鍵，管得多了，小朋友覺得妳憑什麼？管得少了，看在外人眼裡覺得妳漠不關心，尷尬的處境動輒得咎，情況比一般單身男女結婚更為複雜。

還有，孩子的監護或贍養則會讓你們無法徹底擺脫他的前任，前妻動不動就出來刷存在感，就算剛開始不在意，但時間久了，妳會不會擔心小孩讓當初離婚的夫妻又舊情復燃？當然，妳也可以跟他一起生，共組屬於彼此的家庭，但就我所知，有些離了婚的男人就是經歷過有孩子的人生，才驚覺自己一點都不適合當爸爸，妳想生，他不見得想再重蹈覆轍。這一點在約會時勸妳打聽清楚，免得造成他已為人父，但妳卻永遠無法為人母的遺憾。跟離婚男交往，「有小孩」確實會造成婚事卡關，但如果有智慧又懂得包容，也是有成功案例滴，像是娛樂圈的徐若瑄跟 CoCo 李玟，老公都是再婚，兩個女人都身為後母，家庭一樣和樂融融溫良恭儉讓，不曾爆出她們餵繼子吃毒蘋果，還是效法閔損媽虐待他們在冬天穿蘆花衣裳的醜聞。

「他跟前妻沒有生小孩……」虧我分析了這麼多，友人A到現在才開口。「沒小孩好呀！沒有拖油瓶，他可以跟前妻斷的一乾二淨。」C鼓掌叫好，似乎已經認定離婚的男人只要沒小孩，一切好談。「他已經有一次婚姻失敗的經驗，搞不好他根本不適合結婚，而妳在浪費時間？」B的問題一向務實。「可是我很喜歡他，他覺得上次婚姻失敗是因為不是遇到對的人，而我才是真命天女……」A的臉頰飄出紅暈。

如果沒有孩子的問題，純粹就「離婚男」的身分來討論，我倒覺得託付終身並無不可，有道是：失敗為成功之母，上一次結婚的失敗，多少奠定下一次婚姻的成功。在欣西亞眼裡，離過婚的人就像是一個剛被開發的軟體，裡頭有很多bug，所以在初次執行程式時會碰上當機、資料遺失、非正常中斷等不正常功能；當機好比是還沒學會和配偶的溝通技巧，以至於接收不到對方要求的指令而雞同鴨講，資料遺失就像是還沒學會體貼包容，於是磨合到一半就耐心全失直接放棄，非正常中斷則是面對婚姻生活壓力時，因不知如何調適，所以突然封閉自我、逃避責任，然後簽字讓婚姻劃下句點。我們不會認定有bug的軟體是不好的軟體，它只是發展還未健全，只要這些漏洞被抓出，軟體就會被修復，因此，離婚的男人很可能已經升級，在女人面前成為被upgrade過的2.0規格。

因此我給友人A的建議是無需帶有任何成見，「不過，如果妳是造成對方離婚的原因，我勸妳還是三思。」忍不住補充這一點。是的，如果男人離婚是因為妳是小三，那他的問題不是bug，而是設計不良，應該直接從市場淘汰，女人接手，只能說是廢料回收，撿破爛的下場很難幸福。結論是：離婚男也值得託付終身，但若因為妳而離婚的男子則需深思熟慮，因為他管不住自己的下體，也一定會再有下一個女人。

11 婚前漂亮是父母功勞，婚後漂亮是老公本事？

去年在FB「靠北老公」粉絲團上看到一個女生講了句：「婚前漂亮是父母功勞，婚後漂亮是老公本事！」不但讓許多鄉民起立鼓掌，按下一百個讚，各大網站也爭相轉載，強力狂推，說它是神論也不為過。是說，在台灣，婚姻不但是戀愛的墳墓，它更是一把強過歲月的殺豬刀，多少女人婚前是女神，婚後在柴米油鹽和孩子焦頭爛額下，身材發福如同走鐘，美貌凋零猶如山崩，因為要另一半出錢他「沒錢出」，要他出力又是個豬隊友「使不上力」，怪不得婚後漂亮要看老公本事，沒本事的，志玲姊姊捧回家也只能淪為黃臉婆。

然而，我也相信，有心有智慧的女人憑一己之力仍然能在婚後維持亮麗外表。

畢竟都什麼時代了，老公沒錢出那就自個兒賺，老公幫倒忙那就勤加訓練或自立自強。若真是廢渣乾脆休夫一了百了，人生苦短，沒需要過得那麼委屈。所以，婚前漂亮不一定是父母功勞，婚後漂亮也並非完全靠老公本事，以下是我的補充版本，送給大家做參考。

一、漂亮是父母功勞，但妳也必須勤勞

女孩子天生擁有花容月貌，需歸功爸媽強大的優良基因，但是，如果妳不勤於打點自己，還是會落得骯髒邋遢。「天下只有懶女人，沒有醜女人」，假使永遠是頭不梳、臉不洗、牙不刷，出生時再如何傾國傾城，妳也只會是蓬頭垢面的流浪漢。所謂：佛要金裝，人要衣裝。用心整理儀容，選擇適合自己的穿著，距離正妹亦不

遠矣。但也別對外表勤勞過了頭，除了用水餃墊、美瞳片、假睫毛全副武裝，把胸部擠得很天高，企圖挾D奶以令天下，還硬要上醫美診所把外表整得塑膠味十足，物極必反，反而喪失該有的獨一無二，也糟蹋了父母給的自然美。

二、漂亮是父母功勞，但內在氣質全靠自己

有些人，明明雙親生得是五官端正，結果她卻用偏頗的價值觀把自己搞得眼歪嘴斜；明明出生時是四肢健全，結果自己在待人處事上弄得小鼻子小眼睛，實在可憐。相由心生，無論外表再怎麼正，假使腦袋裝得全是拜金、物欲，或是滿腹心機壞水，成天想怎樣算計別人、如何玩弄男女關係，那全身散發出來的氣息就會是沖天妖氣。容貌和身材也許騙得了人，但內在和氣質卻無法偽裝，只能靠閱

讀和興趣培養，否則缺乏思想主見，一開口就被人看穿毫無內容，那也只是稻草人虛有其表。

三、漂亮或許是老公本事，那也要看妳承不承受得起

有些女人一嫁就嫁進了豪門，平時有傭人在做家事，有幫手在帶孩子，當然有大把的錢和時間花在自己身上，做SPA、進廠維修、美睫美甲，不漂亮還真的說不過去。不過，這貴婦少奶奶的頭銜，伴隨來的可能是豪門媳婦的壓力，以及睜隻眼閉隻眼的委屈，對老公在外頭的逢場作戲做到毫不過問，甚至和其他女人分享同一個男人的愛。能不能承受得起，也要看女人自個兒的本領。

四．漂亮其實不甘誰的功勞或本事，還是要看妳有沒有心

周星馳說：「只要有心，人人都是食神。」我說：「只要有心，人人都是正妹。」說穿了，不管是父母的功勞還是老公的本事，漂亮不漂亮都是自己的事，誰都無法為妳負責，也沒資格幫妳決定。上班前早一點起床化妝打扮，利用上廁所的時間閱讀書籍，坐捷運的時候少滑一點手機，多背幾個英文、日文或外文單字，都是充實自我的好方法。更何況，「漂亮」兩個字也不是路人甲乙說了算，只要妳擁有自信，真心喜歡自己，那就無時無刻在發光，所到之處都會是眾所矚目的焦點。

女人，不管是外貌，甚至是幸福，本來就不能巴望著別人給予，靠自己，那份成就感才實在，而且沒有人能奪得走。所以，「婚前漂亮是父母功勞，婚後漂亮是老公本事」這句話，欣西亞一定要在後面加上：Maybe，因為答案可能是以上皆非，

就算不靠爸靠媽靠老公，老娘也可以自己來！因為亮麗和幸福，本來都是屬於妳的功勞，妳的本事，也絕對是女人努力的成果。

聽聽 Shane 怎麼說

女生到處睡就是好 easy 嗎？

「女生到處睡就是好 easy 嗎？」某天，欣西亞問了我這個問題，據說是網友在粉絲團留言請她代問的。「是啊！」我毫不考慮。「老天爺，你怎麼會說出這種答案？你真的這麼想？」老婆非常驚訝，彷彿我回答錯誤。「我怎麼想很重要嗎？她們又不是跟我睡，但我知道跟她們上床的男人絕對是這麼想的。」我進一步解釋。「靠北，算你狠！」她回。

事實上，當一個女生跟很多人發生關係，會覺得她 easy 的不只男人，連身為同性別的女人也會如此評論她，因為這個世界就是如此：男人到處睡是好棒棒，女人到處睡就是死破麻。雖不公平，但多數人確實是這麼想的。

不過，如果因為害怕別人對我們指指點點、說三道四，而放棄了自己想要的痛快和愉悅，這樣的人生也不會盡興。

我舉個例子：每個人都喜歡去遊樂園玩，因為裡頭有很多刺激好玩的遊樂設施，像是：乘風破浪的海盜船、高潮迭起的雲霄飛車、撞擊快感的碰碰車等，大家都躍躍欲試，心裡想著「不怕我不玩，就怕我玩不完」，所以每個設施都想騎騎看、坐坐看、玩玩看，但遊樂園有個不成文的規定：不歡迎黃皮膚的亞洲人。是說亞洲人要玩也不是不行，但走進去就是會引人側目。

有些人覺得被陌生人行注目禮兼竊竊私語不舒服，索性放棄。有些人壯著膽子入園，但為保持低調，只玩一個遊樂設施就出去了，而且過程中還不敢放肆大笑尖叫，就怕被旁邊的人噓。有些人覺得他媽的黃皮膚又怎樣？所以決定無視周遭的眼光，不但玩遍所有遊樂設施，有的還坐超過兩三次，玩的時候更將雙手高舉過頭，街頭巷尾怎麼看無所謂，反正自己爽到最重要。

選擇做以上哪種人並沒有標準答案，畢竟每個人心臟強度不同，對快樂的定義也不一樣。無論如何，例子中的亞洲人沒有錯，是那些帶有歧視眼光的人大錯特錯。同理，女生到處睡就被說是easy，錯的不是到處睡的女人，而是說她們easy的偏頗言論，在真正達到男女平等的那一天之前，把臉皮練得厚一點，妳的人生會更海闊天空。總之，這是妳的身體，妳決定，愛跟多少人滾床單，喜歡跟多少人發生關係，那也是妳的個人自由，只要不妨礙到別人，也不是散播性病散播愛，就好。

不過，我也要貼心提醒大家，到處睡不要只是因為寂寞空虛覺得冷，半夜想要有人陪；把性愛當作慰藉，以為高潮就是愛情。奉勸女人們要三思，畢竟「要男人勃起很簡單，要他愛妳卻很難」，因為男人射過就什麼都忘了，而女人一旦抓到男人的屌，就想進一步抓住他的心。提得起，就要放得下，否則傷最深的還是自己，還請女生要多注意。

Chapter

3

婚姻是一場利益交換

資源共享、優勢互補，婚姻這個兩人企業才能日趨壯大！

1

家裡只有一台電視機

還記得還在和 Shane 交往的時候，某一天我們討論到未來對婚姻的憧憬，他問我是否能想像和他一起生活的模樣？「當然呀！」我說。「嘩～是哦？那妳覺得那會是怎樣的一幅畫面？」他聽了頗興奮。「我們會養三隻狗一隻貓。下班的時候你坐在客廳看球賽，我會在房間追日劇……」「等等，為什麼妳會在房間追日劇？」他有些不解，「喔！因為我不喜歡看球賽啊，而你又聽不懂日文，也看不懂中文字幕，當然只能分開看電視囉。」沒觀察到他眼神中奇異的變化，我還接著說：「而且我覺得最好還要一人一個房間，這樣結婚後還能保有個人空間，滿好的！」我振振有詞。「所以妳憧憬的婚姻生活是各做各的事？」他的語氣充滿驚恐，最後做了結論：Cynthia, this is not the marriage I want.（欣西亞，這不是我想要的婚姻）。

婚後，Shane 跟我說：那天聽妳這麼說，我真覺得這女人我不想娶了。可見他對我「憧憬」中的幸福婚姻有多麼驚嚇。事實上，關於看電視這件事，我爸媽就是這麼做的，欣爸總是在客廳看他喜歡的歷史劇，欣媽則在主臥室看她鍾愛的談話節目，兩人各自占據一方天地，誰也不干擾誰。欣西亞從小耳濡目染，所以覺得這就是婚姻生活，而相信不僅是我，許多台灣夫妻也無異議，甚至日復一日身體力行。有時難得大家同在客廳，電視終於也轉到同一台，結果，節目開著當背景音樂，老婆在逛網拍，老公則用手機在打電動……

但 Shane 的父母就不同了。首先，美國很多家具店都有在賣 love seat 情人座，顧名思義正好能坐兩個人，那是他爸媽的寶座，平時就你靠我我靠你、肩並肩塞在那張沙發裡看電視；Shane 是這樣看著自己雙親長大的，理所當然認為這才是婚姻的一景。「問題是總會有想看自己節目的時候，那怎麼辦？」我舉手發問，他回：「那就把想看的節目錄下來，我先陪你看，等會兒你再陪我看。」這一點放大到夫妻相處，就是：你先陪我做我喜歡的事，我再陪你做你喜歡的事，輪流陪伴，感情才不會散。對於這場家庭背景和文化不同的交流，我們最後相視而笑。

婚後，為了能一起看電視，我們確實做了很大的努力。譬如：我會開日劇清單給 Shane，讓他在網路上找英文字幕，然後選他能接受的類型和我一起追。在介紹喜愛的美劇或電影給我前，他會先找預告片給我看，喜歡就收看，不喜歡就謝謝再聯絡。

在不厭其煩試了很多次也打槍很多次之後，漸漸的，我們大致能掌握彼此愛看的節目類型，如：《黑鏡》（Black Mirror）、《嗜血判官》（Dexter）、《絕命毒師》（Breaking Bad）等，好節目和影集陪伴咱們夫妻倆度過好多甜蜜的時光。除此之外，他也希望我加入他唯一的興趣，就是觀看 UFC 拳擊賽，說真格的，有哪個女生會喜歡看 MMA 綜合格鬥？但 Shane 會特地選在週末夜晚，外帶異國美食、美式漢堡或辣雞翅配啤酒可樂，金牛座在美食美酒引誘下自然無法拒絕，雞翅才啃到一半就發現：「靠！螢幕裡兩個正在搏擊扭打的男人，肌肉線條怎麼這～麼～養～眼～！」電影《侏羅紀公園》說：生命自會找到出路。於是，他看他的拳擊賽，我看選手們的美好身材，看久了，自然懂得比賽規則，也能和老公一起歡呼吶喊了（high five）。

還記得多年前娛樂圈藝人 Selina 鬧離婚的時候，前夫阿中曾說：「她是懂生活的美食旅遊達人，我是閒了就慌的務實工作狂，她愛看綜藝與戲劇節目，我鎖定新聞及體育頻道，慢慢地我們成了平行線……」這番話不但表達了他們當時的處境，也道出許多台灣人的夫妻生活。男女因為婚姻結合，兩個人就會有兩種個性，興趣也不盡相同。除了做愛，對彼此愛做的事不甚了解，了解了也不會參與，很多不是沒意願，只是沒想到。尤其，人人口中都說：「愛，就是讓他做喜歡的事！」乍聽之下很甜蜜，實際上是不努力，經營若是沒給力，婚姻最後也就使不上力。結論是見微知著，生活上的小細節才是決定勝負的關鍵，但它就是因為小所以容易被忽略，看似愈不重要的東西愈值得我們上心。

我家只有一台電視機，我們堅持一起看電視。

2

不在意「女上男下」體位，就別計較女主外男主內

每次只要說到「男主外，女主內」，欣西亞就忍不住聯想到性愛上的體位，這句話就如同男上女下的傳教士，傳統、基本、保守；男人泰山壓頂在女人身上，不但能察言觀色底下女人微妙的表情變化，也能隨著自己的需求搖擺衝刺，所以握有較多主導權，宛如中華小當家。大家對於這樣的「隊形」安排也無異議，畢竟這是社會對體位最初的認知，是入門款，沒做過多少也看過，見怪不怪。

然而，如果對調換成「女上男下」的觀音坐蓮，雖然時髦、創新、有變化，但由於女人盤據男人上方，如同 **cow girl** 騎乘野馬，對於抽插深淺、速度快慢能精準掌握，進而操控整個大局，恐怕就會引起些許人抱怨並表示：「觀感不佳！」任

由一個女人在上頭負責動次動次，那男人躺在床上豈不弱掉？這，便是「女主外」普遍帶給大眾的印象。

美國伊利諾州針對年齡落在52～60歲的男女做出調查，發現家庭收入結構若改成「男主內，女主外」，夫妻的心理壓力不但變大，內心的幸福感也同時下降。會造成這樣的結果有兩個因素：一是男人對於自己的收入低於女性，心理難免會產生自卑感，二則是男人若在家帶小孩，還是會惹來社會異樣的眼光導致壓力。

以欣西亞和Shane為例，從美國搬回台灣最初，原本我們都在上班，但Shane無法一下適應擠沙丁魚式通勤和龐雜工作內容，失眠、酗酒、憂鬱症全上身，沒三個月他就幾乎要ＧＧ。我白天上班，晚上要陪一個睡不著的中年男子談心到天明，或是乾脆陪喝，喝到隔天兩個人竟然都睡過頭。心力交瘁之下，我提出：「拜託你辭職，否則這樣下去就是兩個人一起死！」正式開啟任家（Shane 中文名字姓任）「男主內，女主外」的生活。噢！這樣說還太稀迷，因為家裡還沒什麼「內」要給他主，他要主的，就是儘快訓練自己融入台灣生活。

雖然不在意老公沒收入，反正我剛嫁去美國的時候也靠他養好一陣子，但面對旁人的詢問，我還是不敢讓他們知道 Shane 是家裡蹲，深怕閒言閒語傷夫妻和氣。事實也證明，台灣對男人的要求好嚴厲！因為後來他成為接 case 的 SOHO 族，年收入加總雖比我高，但欣爸仍覺得 Shane 是打工一族，不是領月薪（＝不務正業），所以在欣爸眼裡是我這個有正職的老婆在養家活口。問他介不介意？他瀟灑回：「如果妳爆紅，又很能賺，我非常樂意讓妳養，反正我很宅！」「如果生了 baby，我也贊同省保姆費讓你在家帶小孩，因為我待不住，出去賺錢比較適合我！」老娘也沒在開玩笑，「成交！」兩人歡欣擊掌。是說，人各有志，如果夫妻能發揮所長以達到最大的效益和CP值，何樂而不為？只可惜本人還沒大紅，我們後來也決定不生小孩，Shane還是當一天和尚敲一天鐘地繼續上班。

隨著時代進步，女人能力變強，工作選項變多，「男主內，女主外」並不足為奇，那只是讓照顧家庭有了變通，也多了方法。無論如何，出錢出力都叫付出，珍貴的是兩人同心協力。考慮這麼做的夫妻，我有以下guidelines提供大家參考。

一．**先仔細評估這麼做是否能達到最大的經濟效益**。除了老婆的收入要夠，也必須將她的工作穩定性和前景一併考慮進去。

二．**彼此要有充分的溝通**。畢竟不是每個男人都像Shane會樂意讓老婆養，妳想出錢，他不見得願意出力。

三．**真心擁抱這個選擇，將閒言閒語視如浮雲**。文章裡頭已提到社會眼光是讓幸福感下降的主要因素，你們是否能克服？

四．男人一定要學會在家找到成就感。操持家務跟商場廝殺不同，工作表現佳能升遷加薪，把家務照料好卻很難得到實質的收益，如何從中獲得滿足感和成就感，心態需要調適，也需要時間找尋。

五．對彼此的付出時時心存感謝。心存感謝還不夠，重要的是一定要開口表達。

主內或主外，就像第一段所說的傳教士跟觀音坐蓮體位，相信做愛中的男女很少會在意女人是在上還是男人在下，只要兩個人都沒偷懶，進行活塞運動的時候都有在動，攜手同心創造高潮，那便是大大的成功。男人顧家或女人出外打拚實在沒啥好計較，只要兩人相得益彰，共同合作，都是為了家在埋頭苦幹，這個 team 就會生生不息，讓婚姻駛得萬年船。

3

婚姻是一場利益交換

某天和好姊妹們喝咖啡時，閒聊中有人問我：「欣西亞，以妳和Shane結婚將近15年的時間，妳覺得『婚姻』到底是什麼？」我毫不考慮地說：「婚姻是一場利益交換！」結果，已婚的皆點頭大表贊同，單身的則露出不可置信的眼神，其中一位還張大了嘴，吃了一半的馬卡龍幾乎要從口裡掉出來。

還記得和Shane討論「結婚」的那一晚，兩人只是聊到我大學畢業後的規劃，他想回美國，我想體驗那裡的生活，我們花不到一個小時就決定結婚，因為這樣才能讓我合法留在那裡。後來我和爸媽提出結婚的打算，但礙於兩人太年輕，交往才三個月，男生又沒房沒存款，想必一定會反對，所以我說：「反正就算離婚還得到一張綠卡，不算太吃虧！」結果讓爸媽以為女兒是為了身分騙取Shane的感情，還硬是要我發誓：「這是真愛！」才答應我們的婚事。從此看來，跟Shane結婚，動機除了愛，還有能變成美國人，而Shane娶我，其附加價值應該是能有一輩子的免費中文老師，因為婚後我常聽他抱怨：「妳都不教我中文……」

婚姻究竟是不是一場利益交換？我相信見仁見智，但老娘如此信誓旦旦也不是沒有原因，除了上述原由，我確實耳聞某對公眾人物，因為幸福甜蜜的婚姻形象可以接到許多相關的廣告代言，所以就算私底下形同陌路，檯面上仍上演恩愛夫妻的戲碼；雙方也許因愛而結合，但絕對是利益維繫彼此的婚姻。別說明星了，我們身邊也有太多對夫妻有著商業合作：她要一張長期飯票，他要一個賢內助；他想少奮鬥十年，她要一個唯命是從的傀儡；她要歸宿，他要傳宗接代。結論是：我們都必須都認清「婚姻」的本質究竟是什麼，想結婚的人才能得其門而入，進場的人才曉得如何跟另一半白頭偕老。

結婚15年，我要說老婆和老公的關係就如同網紅和廠商，當初會走在一塊兒通常是因為廠商相中網紅的網美臉（＝正）或高人氣（＝很多人追），希望和對方進行合作拉抬彼此聲勢（＝脫魯）跟刺激產品銷量（＝結婚，把自己銷出去）。於是，就開始進行接洽的動作，網紅在正式接案前一定會先親身試用（＝約會），通常試用期長短會看她的良知。有的只是想吃免費用免錢的，根本沒有想要合作的意願，純粹讓廠商淪為工具人；有的試用了覺得感覺還不錯，如果廠商牌子夠大（＝男方身家顯赫）、開出的價碼夠高（＝聘金豐厚），結盟後網紅搞不好一夕從黃金剩女晉升黃金獵犬……不，是勝犬！廠商有了網紅加持感覺很有面子，進行合作雙方都皆大歡喜。

結論是如果妳想踏入婚姻，一定要先經營自己，創造自身的優勢，更現實地說，男生娶了妳，他得到的好處是什麼？是能打開其他工作領域？建立不同階層的人脈關係？是健康有人照顧？財務管理有了條理？如果能少奮鬥幾年，是三、五年？還是十年（這裡指的不一定是錢，也許是理想目標）沒錯！你們一定是因為「互相喜歡」才會在一起，但結婚需要衝動，妳，能給他什麼動力？

網紅和廠商進行異業合作（＝結婚），成效考核隨之而來。廠商往往會看網紅FB的觸及率、按讚數、PO文分享的數量，還有網友留言的多少，畢竟當初捧著厚厚的鈔票，也希望網美的業配要很給力才是。結果，滾床單的時候該觸及的點通通miss，日常生活的讚美和口頭獎勵完全沒有，不會分憂解勞，倒很擅長四處數落，這業配配得七零八落，廠商看不見網紅提供對等的產值，覺得跟自己的付出不成比例，當然轉頭對外發展。

維繫婚姻，真的不能只有愛，如果只有愛，那是既脆弱又不靠譜的，因為愛會消磨殆盡，但附加價值卻不會。什麼是妳在婚姻裡的附加價值？懂社交、會做菜、擅理財、交遊廣闊，或是妳很人性化，讓他做什麼都很方便，或者具有人體工學，他跟妳相處永遠最輕鬆自在。而他呢？除了實質的給錢、出力，老公帶給妳心靈上的利益還有什麼？

婚姻是一場利益交換，倒不如說：它其實是一種對等關係的存在，金錢也許買不到，有心絕對沒問題。走入婚姻，光說愛不夠，我們還必須努力創造自己的存在價值，對於另一半的付出也要表達感激，當雙方在互相的關係中都是既得利益者，你們就一定能成為彼此永遠的依靠……寫到這裡，我想我該去幫 Shane 上上中文課了，see ya。

4

Hello，共同帳戶，私房錢 bye-bye

俗話說：「談錢傷感情。」無論感情多麼融洽、關係再如何親密的情侶，談起「錢」，很少人心裡不彆扭的。問題是，一旦踏入婚姻，生活就不再是浪漫的彩虹、泡泡、獨角獸，取而代之的，是最現實的柴米油鹽。尤其「錢」這檔事就必需被提出討論：買東西，誰出？開銷，怎麼分？談來談去，感情就這麼傷了。

記得結婚剛到美國的第二天，Shane 便立刻帶我去銀行開了「共同戶頭」：一個銀行帳號可以登記兩個人的名字，提款卡也一人一張。我就這麼把帶去美國的個人存款，還有親友給的紅包，一股腦全放了進去。從那時候開始，我的錢變成「我跟 Shane」的錢，嗯……心裡有點怪怪 der。當天晚上我們跟 Shane 的朋友出去晚餐，他們也是一對夫妻，提到這件事，老婆Michelle笑著說：「結婚後我的錢就全轉進和Kevin的共同帳戶啦！我的個人帳戶還沒關，但裡頭只剩下美金5塊不到。」這顯示她的收入在婚後全數充公、納入國庫，聽到這裡，Kevin嚷嚷：「什麼？妳還有個人帳戶？我的早就關了，畢生積蓄全在我們的戶頭裡！」

於是，我和Shane的薪水和生活開銷，舉凡：存款、買菜、提錢、付水電費，全部從那個帳戶進出，想看明細就登入網站，裡頭一筆筆記載得非常清楚。這下錢財不分你我，雖然是個人消費，花的還是「我們的」錢，所以兩人約定如果單筆金額超過100美金，那就要提出跟對方討論，雙方同意後才能入手。每逢生日過節也不太買禮物送對方，反正喜歡什麼自己買，我生氣也不可能亂刷Shane的卡，雖然不怎麼浪漫，但心絕對向內，我們都是為了這個家在精打細算。

不過，台灣夫妻普遍奉行「我花我賺的錢，你管不著」，看似公平，卻也可能引發問題。二〇一七年藝人柯以柔老公郭宗坤驚爆偷吃自家員工，新聞挖出兩人多年前上「康熙來了」訪問片段，裡頭問到郭先生最在意的是老婆哪裡？結果他臉色一沉回說：「不經商量偷買房！」似乎透露內心的不滿。大家普遍認為女生拿自己賺的錢投資房產沒有錯，但她畢竟不是單身，如果投資失利，影響的是整個家庭，還沒獲利，每月貸款也是一筆支出，若負荷過重心情不佳，導致跟老公口角變多，或愁眉苦臉鬱鬱寡歡，難道這不關另一半的事？

說穿了，想要自己賺錢自己花，那就乾脆別結婚，既然結了婚就是牽一髮而動全身，並非一句「我花我賺的錢，你管不著」能簡單交代的，想要享受完全經濟獨立，又想兼顧幸福美滿家庭，除非妳老公是郭台銘（但妳的煩惱恐怕會換成男人有錢會作怪這件事）。

除了共同帳戶，美國也施行「夫妻財產共有制」，就算離婚，財產也是一人一半，我覺得這對家庭主婦是有保障的。台灣多數男人對老婆在家帶小孩的看法是：因為沒在賺，所以不事生產，也覺得老婆靠他養。這觀念簡直大錯特錯！試問：如果沒有賢內助幫你洗衣，上班要穿的白襯衫從哪兒來？沒她幫你帶小孩，你如何能安心加班？

若是談離婚，這個家的錢，她有資格帶一半走，因為那是她應得的。雖然台灣並無這種規定，但寫出來是想告訴家庭主婦們：千萬不要覺得老公有在賺錢他就是大爺，妳也有在賺，只是沒跟他算薪水。

最後，寫了那麼多，欣西亞必需承認在剛結婚時對「沒自己的錢」很沒安全感。於是我將公司發的獎金存起來，偷藏在廚房櫥櫃的深處，直到某天 Shane 打掃時意外發現那筆現金，以為是天上掉下來的禮物，欣喜若狂得跑來跟我報告，「那是我的錢，不是你的！」我說得理直氣壯，「什麼『妳的錢』？這是『我們的』錢！」他大聲糾正。並覺得我偷藏私房錢這個動作讓他很傷心，夫妻間應該互相信任，而不該有祕密。就在那一天，我正式跟私房錢說 bye-bye。

二〇一一年從美國搬回台灣，欣西亞發覺台灣雖有共同帳戶，但想把錢提出來，需要夫妻兩人帶證件和印章親自臨櫃才能辦理，這樣支付開銷非常不便，所以我們又從共同帳戶變回個人帳戶，Shane 負責支付房租，我則負責支付三餐和生活費，有儲蓄就把錢拿出來投資，或一起出國遊玩，日子過得也相安無事。雖然談錢傷感情，但是心態正確確實能避免掉一些紛爭。所以夫妻間也不要害怕傷感情而避談隱忍，溝通，還是經營婚姻的王道。

5

親愛的，那是因為我愛你

曾經在某個節目聽見一位事業成功的網拍老闆娘，談到自己的婚姻生活，她說：「我常跟老公說，雖然有時候你覺得賺錢養家、照顧妻小很辛苦，但你一定要知道，那是因為我愛你，我才讓你做這些事，否則外頭還有很多人排隊想照顧我跟小孩，所以，你有這個家庭可以付出，是非常幸福的。因為有些人想抽號碼牌還抽不到呢！」聽完的當下，我差點要起立鼓掌，除了佩服這女人的霸氣，也覺得她完全突破盲點。

很多台灣家庭，對於家務事的分配總有不成文的規定，譬如：女人負責煮飯、男人負責修水電，只要比對方還要擅長那件事就是誰的責任。於是，原本不會做的被逼得很會做，不會做的永遠都在袖手旁觀。久而久之，這些事情就成了一種責任跟義務：做了，沒人會感謝，做不好，有人會碎嘴，而沒做，就一副妳犯下拋家棄子滔天大罪。啊只不過一餐飯沒煮，有需要演這麼大嗎？婚後，為了避免這樣的事情發生在自己身上，我不但身體力行「家事大家一起做」，對於自己的付出，我也會常掛在嘴巴貼心提醒：「親愛的，那是因為我愛你。」

家事若採用分配制，像是：「老公，你去清貓砂，我來倒垃圾！」這番發號施令肯定有人要擺臭臉，一是因為聽起來妳在命令他，男人內心不痛快，二是不明就裡的人覺得不公平，懷疑妳是不是故意選輕鬆的做？（他也許不曉得倒垃圾還包括追垃圾車這件事），所以我都出選擇題：「北鼻，清貓砂跟倒垃圾，你想做哪一個？」雖然橫豎都得做，但透過選擇起碼做起來會比較甘願，而且這道問題經過設計，比：「你可以幫忙清貓砂嗎？」這種是非題還強大許多，因為男人絕對不會跟妳說：「NO！」

對於煮飯這件事，我就更喜歡和Shane耳提面命了。由於Shane晚上還要教課，通常回到家已經接近11點，他習慣在課前先吃點小東西，等回到家才正式吃晚餐，這會讓欣西亞有些頭大，因為我多半也是結束一整天工作，洗完澡料理完自己早已陷在沙發裡起不來，但一得知他還沒吃飯，明明呈現半昏迷狀態，我還是會起身幫他弄點什麼吃的，但出發點並非「因為我是他老婆，這是我該做的」，而是感同身受地覺得有熱騰騰的飯菜吃是件幸福的事。這個時候，我就會邊張羅老公的晚餐邊說：「北鼻，我其實也很累了，但這都是因為我愛你才幫你弄哦！」而Shane也不會覺得這老婆怎麼這麼愛邀功，反而會笑笑地回：「我知道啦～謝謝！」或是在飯菜上桌的那一刻說：「好幸福唷！」

台灣人和美國人表達愛意的方式大不同，台灣人對口語較不善言辭，傾向於埋頭苦做，而且默默付出都以完成了什麼「任務」居多，如：洗衣、做飯，而非肢體的觸碰。美國人常把 I love you 掛在嘴邊，若要採取行動，多半直接接觸到對方的身體，如：擁抱、親吻。雖然都是愛的舉動，但兩者帶給另一半的感受往往不一樣！前者容易流於形式而被視為理所當然；後者則是純粹的愛意和親密感。通常對方會覺得照顧他生活起居是妳的工作，但總沒有人覺得熊抱他是妳的責任吧？一定是出於愛才飛撲他，啊不然咧？

結論就是：表達愛，一定要雙管齊下。也就是除了實際動作，嘴巴上的貼心提醒也要有。用「親愛的，那是因為我愛你……」句子接龍：「親愛的，那是因為我愛你，我才幫你熱飯菜。」「親愛的，那是因為我愛你，我才幫你燙白襯衫……」更重要的，是清楚明白告訴他：親愛的，那是因為我愛你，我才跟你一起組成這個家。男人可以健忘，女人卻不能因為他的健忘而忘了自己「付出背後的動機」跟「其實我是有選擇權的」。

「不知珍惜，老娘大可以跟其他人做！」這句話猶如當頭棒喝，需要頓悟的可不分男女呀！！

6

做愛，應採用「上下班打卡制」

性教育協會曾經針對台灣人做愛次數進行統計，發現平均年齡32歲的男女，床上開工以「每週兩次」占最多，其次為「兩週一次」，第三名為「每週一次」，第四名則是「每月一次」，其中也有人在過去一年完全沒有性生活。由於欣西亞跟Shane只落在第四名這個區塊，所以看到有人在365天內未曾開機時，內心稍有安慰，但當看見理事長表示「一週三次」才是合理的，我對我們的處境感到不勝唏噓，簡直是汗涔涔而淚潸潸了。

問題是，親愛的性教育協會：以上參加統計的男女，他們是狀況是單身、交往中還是已婚？如果是後兩者，在一起的時間有多長？又，親愛的理事長：如果「一週三次」最為合理，那這三次是跟同一個人做？還是跟不同的人做？我認為這些細節都必須交待清楚，因為性愛跟去遊樂園乘坐遊樂設施的道理差不多，碰碰車再好玩，要連續碰三次還真不容易！因為很多人碰一次就覺得謝謝再聯絡，碰到第二次就膩了。但如果這三次分別拆成玩雲霄飛車、轉咖啡杯跟騎旋轉木馬，那實在很簡單！現在還很多老百姓憑約炮軟體入場，「不怕我來玩，就怕我玩不完」，只要一票到底，遊樂設施任你玩，搞不好一天24小時就能全部達陣。我的重點是：這個統計用在已婚夫妻並不公平，畢竟Shane的擎天飛梭老娘也坐了十幾年惹，要維持一個禮拜坐三次的頻率，你當我閒閒沒事做家裡開劍湖山膩？

社會很喜歡探討情侶或夫妻間做愛的頻率，但說穿了，如果同居的男女朋友或結婚有小孩的老夫老妻，說要一禮拜開機三次我真心覺得難度超高！跟同一個人做感覺就是有差，而白天上班或帶孩子已經累得跟狗一樣，誰還會有那個閒情逸致在晚上坐輻射飛椅呢？（我到底要 cue 幾個遊樂設施啦？）但我也不鼓勵大家自甘墮落，用「反正我們一個月還有一次」一山還有一山低的心態安慰自己（以上指的根本就是我的心聲）。遊樂設施久沒騎乘它丟欸壞企，遊樂園久沒人潮進場它丟欸荒廢，如果不想要下半身變成亞哥花園，或是讓做愛次數終於歸零，維持兩人的性生活和肉體溫存，對經營愛情婚姻還是有其必要。因為摩擦生熱，感情才能加溫嘛！

所以欣西亞不但提倡也身體力行「做愛，也要記得定期打卡」，因為它太容易被忽略和遺忘。不是你們不夠愛，而是現實生活太殘酷，殘酷到硬生生把妳的下體跟老公的好屌狠心來拆散。當然，妳可能覺得連「做愛」這檔事都要輸入 Life Reminder（為一種能註記並貼心提醒的 APP）未免也太悲淒，或搞成上下班打卡很制式化也不夠性感，但凡事總是「先求有，再求好」，如果連滾上床的機會都沒有，你們是要如何產生進步空間？是否還能搞出更花俏的招數呢？

覆巢之下無完卵，唇亡屌寒的道理大家都知道，說到底：沒有唇屌相依高潮就NO素，不試著重新把那把槍放進那個穴，火花就永遠不會出來，無論如何好歹也放一下，久久不用那份親密感真的會被遺忘滴啊！總而言之，對於固定交往的情侶或結婚數十年的夫妻來說，「性愛」早已不是天雷勾動地火的慾望和衝動，而是「上一次是什麼時候？」兩人都要歪頭想一下。但我覺得沒關係啊！至少這件事大家都還有放在心上，那就付諸行動把該暖的身子給暖一暖。

「問題是我並沒有想『要』耶，如果老公沒跟我『要』，我也沒有動力『做』。」有人說。所以欣西亞才把老夫老妻間的做愛比喻為上下班的打卡，因為當熱情被消磨之後，很少人是真正喜歡上班，甚至主動想上班的（除非放假放太久，他無聊了）。在上班前夕，大家幾乎都要死不活，然而再怎麼討厭也是有那麼一天覺得上班不錯的，就是春節結束開工大吉的那天！每家公司行號都在放鞭炮團拜，每個員工都會拿到喜氣洋洋的開工紅包。又，只要有上班年終獎金就指日可待，意味著：只要你們一直身體力行地「愛」下去，那併發後的火樹銀花還是值得令人期待的，不是嗎？

7 婆媳和男人的三P關係

身為人妻，根據欣西亞多年的觀察，我一直覺得婆婆、媳婦和男人之間的關係就像一齣鹹濕的三P。

是說，床上「三人行」要完美落幕，第三方一定要是陌生人才能玩得盡興，但這種生活裡的threesome，兩個女人不但認識，而且愛的還是同一個男人！嘴巴上再如何「請多多指教」也難免先禮後兵，從前戲開始已經斤斤計較：男人才剛開始吻妳，她一個move已經把他的臉頰撇過去，妳手立刻向下想來個擒賊先擒王宣示主權，結果褲子才脫一半，她竟然連拍（掉妳的手）帶拉（拉上他的褲襠），惡狠狠地說：「這樣他會著涼！」更遑論到了體位，妳在上，她覺得兒子這樣看起來沒掌控權，還深怕妳太用力老二會斷掉；妳在下，她在旁搖旗吶喊：「兒呀！這樣就對了，就是要這樣你老婆才會乖、才會聽話！」高潮還沒到，她冷不防在耳朵旁問：「妳受精了嗎？我等著抱孫子哦……」這種三P不但活生生還血淋淋，而且爽到對方絕對甘苦到自己，睡在床中間的男人不是成了炮灰，就是犧牲品。除非有人先去靈骨塔 check in，否則雙人床上永遠很擠。

很多人普遍認為嫁給外國人沒有婆媳問題，非也。俗話說：有人的地方就有江湖。欣西亞說：有女人的地方就會有戰爭。尤其我嫁去美國的時候 Shane 的阿嬤（＝我婆婆的婆婆）還沒過世，每次家族聚餐老娘就是一打二，再加上文化背景的不同，故事也頗為精彩！

先從 grandma 講起好了，八十歲的她一直認為台灣是開發中國家……

「欣西亞，你們台灣這麼落後，有冷氣嗎？」某次言談中 grandma 問我。

「Grandma，台灣並不落後，我們也有冷氣。」我微微笑回答。

「不落後！難道晚上有電嗎？」她對我的指正有些驚訝，懷疑是自己聽錯了。

「確實不落後，也是有電的，就跟美國一樣。」我回答。

「那這叫手機，你們也有嗎？」她從口袋掏出自己的 Nokia3210 秀給我看，彷彿我不曉得那是什麼。

「當然，台灣就跟美國一樣啊。而且我也有哦！」我也掏出我三星 S208，它可摺疊掀蓋，外觀更為時尚。

「嘩！妳的更迷你、更輕薄耶！」grandma 看了立刻發出驚呼。

「是呀，台灣一點也不落後，跟美國一樣，有時候用的東西反而更好哦！」我邊答邊操作給她看。

看完以上對話，也許有些台灣人會覺得我何必去「指正」一個老太太，反正她都這麼老了，Taiwan 和 Thailand 搞不清楚也是自然，跟她說這麼多，如果她覺得冒犯怎麼辦？但我認為這叫「分享交流」，而且有其必要！如果這次我因為怕尷尬，或覺得「點頭贊同」做起來比較省事，而且還不表達意見，那她之後一定還會再提起。有時候長輩第一次說妳可以忍，到第二次第三次妳可能就覺得她在踩妳的線了，但就是因為「第一次」妳沒表達自己真正的想法，到了第二次說出來就有點奇怪了，於是明明不舒服卻隱忍下去，事後再抱怨長輩傷到妳的感覺，實在有些不公平；因為不是她故意，是她根本不知道。事實證明，我這樣的交流不一定會產生摩擦，因為 grandma 看見我的手機反而覺得新奇，我操作我的手機給她看，也拉近了彼此的距離。

Grandma 這件事還是小事，婆婆的故事也許大家就更感同身受了。話說欣西亞和 Shane 在 LA 找到租屋前，有一段時間是住在公婆家，因為我在家是不穿內衣的，所以跟公婆住也依然如此。決定前我有事先思考過：穿內衣似乎較不隨便，但我本身會不自在，只要衣服布料厚看不出激凸就也還好。然而婆婆還是注意到了，所以有一次她趁著我們一起坐在客廳看電視時，她冷不防說：

「欣西亞，在家還是要穿內衣比較好喔！」

「為什麼比較好？」我的反應很直接。

「因為這樣胸部才不會下垂呀！」

「所以 Jayne 妳現在有穿內衣哦？」我非常驚奇，因為我以為外國人在家都不穿內衣。（電影裡不是都這麼演嗎？）

「當然，我罩杯這麼大，連睡覺都穿都胸部還是有點下垂了……」

「可是 Jayne，胸部下垂很難避免，而且妳這樣時時刻刻綁著，胸部不能呼吸，反而對健康不好耶。妳睡覺的時候不會覺得呼吸困難嗎？」我開始分享我的論點。

「真的會呼吸困難耶……」她若有所思。

「在家就是不要穿胸罩才舒服啊，還是要讓胸部有放鬆的時候嘛！」

「是哦……？」

「妳要不要現在就把胸罩脫掉試試看？我們在家一起不要穿胸罩！」我看她

一臉猶豫，接著鼓勵她。

「哈哈哈哈，好啊！」她竟真的把胸罩脫了！

然後我們在客廳笑成一團。

後來我錄影時在節目裡分享這一段，也獲得了專家的肯定和稱讚。她提到一般亞洲社會的女生缺乏自信和禮教束縛，所以對長輩不敢出言反駁，所以嘴巴上說是，但心裡想的都不是，長期下來反而產生問題。我則認為跟人相處，「真心交流」很重要，否則一切都流於表面，更無法交心。

婆婆、媳婦和老公之間的三人行，既然已經無可避免地一起滾上名為日常生活的床，那也只能發揮智慧並充滿信心地將這盤加了料的飯炒好、炒滿。不一定要完全改變自己，而是張開雙臂去擁抱另一個女人，並且敞開心胸相對，多多分享交流，搞不好妳會有凱蒂·佩芮歌曲中I kissed a girl and I liked it的驚喜也不一定！

8

男人出軌十大徵兆

「欣西亞，妳可以寫個男人出軌十大徵兆提醒大家嗎？」有讀者在FB私訊我。問題是……這些徵兆都很明顯吧？尤其女人的第六感這麼靈，對方一有什麼小動作就全被我們雷達偵測（對方出軌，女人通常心裡有數）。想雖這麼想，但對蛛絲馬跡視而不見的女人還是很多，既然如此，我還是整理出「男人出軌十大徵兆」，給大家參考如下：

——一、**他開始注意起自己的儀容，甚至還偷偷健身**

其實剪頭髮或刮鬍子都還好，畢竟那是維持個人整潔。但如果開始主動拿熨斗燙自己的襯衫，或者站在鏡子前搭配領帶搞半天，還在看電視的時候舉啞鈴或做伏地挺身，那絕對是個徵兆。換作女人出軌，我們第一個 move 通常是減肥跟採買新行頭，尤其是新內衣，從原本純色素面的換成性感蕾絲，對吧！（眨眼）

——二、出門前會洗澡

這有時是個連帶動作，就是他運動完，接著進廁所沖澡，理由很正當：「因為運動後會流汗啊！」所以妳不容易起疑心。但細看這一連串其實是整套的 SOP：運動讓肌肉充血，看起來線條會更明顯↓沖澡洗香香↓出門。如果是睡前洗澡，妳以為是為了跟妳上床而做準備，結果啥也沒發生，他直接倒頭就睡，然後等妳睡著後再跑出去。

三．突然時常加班或出差，工作時數變多變長

加班或出差不是為了工作，是因為他的屌被小三 cue 出場的頻率變高。

四．會開始整理車

很多男人視車如命，沒事也會跑汽車美容。但如果他本來不是這種人，卻突然把車送去保養，非常可疑。

五．安全帽繫帶鬆緊有變 or 駕駛座旁的位置不一樣

前者是他的摩托車載過別人，而且是女人，那繫帶還是他幫忙調整的。後者更不用說，不但載過恐怕還車震過，就算男人很細心恢復原狀，但女人光靠親身體驗，就知道他暗地裡在搞鬼，這種細節肉眼瞧不出，感覺最知道。

六．開銷變大，出現高級餐廳發票或電影票根

餐廳跟電影都不是跟妳一起去看的，那是跟誰一起去？

七．對妳心不在焉，或愈來愈不耐煩

很多男人一旦出軌，面對女友或老婆就會變得情緒化，喜怒無常令人難以捉摸，然後搭配突然送妳貴重禮物這招！這不是因為想給妳驚喜，而是因為心虛和罪惡感作祟。突然帶全家出遊也有可能，因為他想藉由旅行提醒自己家庭的幸福感。

八・突然要求妳尊重他的隱私

這情況最容易發生在妳突然開門進房間或廁所，而他正好就在裡頭連絡、交談的時候。「吼！進來是不會先敲門哦？」男人做賊心虛地抱怨，然後再見笑轉生氣：「尊重一下別人的隱私權好嗎？」問題是你們生活在一起房間或廁所門從來沒關過，現在多了這道手續，整個很有問題。

九・記憶混亂，或搞錯一些細節

「這部片妳不是說妳不喜歡？」「我們不是約好了？」「我們不是幾個禮拜前才來這家 motel ？」他腦海中這些記憶全不是跟妳在一起，卻又信誓旦旦地說有發生過。結論是他確實有做，只不過不是跟妳！

十. 做愛時多了新花招

在床上變得花俏，會在前戲加進新花招，或突然改用其他體位，也開始在意他在床上的表現，頻頻發問：「妳覺得這樣怎麼樣？」那很可能是有了新對象，所以想勤加練習。要不，就是新對象給了他什麼新的啟發。

看完以上男人出軌十大徵兆，也許妳會拍腿驚呼：「有的也太明顯了吧？」但有些人就是當局者迷，不然就是鴕鳥心態，覺得只要「無視」一切就會「沒事」，等到男人和小三已經雙宿雙棲，甚至有了孩子，才發覺自己被三振出局。因此，眼睛容易被鬼遮眼的女人不妨自我檢查一下，以上症頭，如果中一到三項，還不用太驚慌；如果超過五項，可能就得來個突擊檢查；如果高達八項，請妳將抵擋外敵機制全面啟動。重點是平時就要做好防範措施，多表達關心，對他的付出給予讚美及肯定，偶爾主動撲倒或壁咚讓他感受妳的熱情，就算其他女人投懷送抱奉上北極鮑，他也坐懷不動，而且不敢對別人的海鮮拼盤「感嘆 seafood，讚嘆 seafood」囉！

9 揮別偽單親，女人請別當自強

還記得在大學的時候，欣西亞認識一位女性主管，她是公司的高階幹部，也是社會的經菁英份子。精明幹練、作風明快是她給人的印象，雖然在商場上叱吒風雲，但舉手投足充滿女人味，說話輕聲細語，穿著也合宜有品味；女強人有著日本女星黑木瞳優雅的外表，總令我傾慕不已。不僅如此，她也是家裡的賢內助，打理老公生意，照顧家庭穩妥，呵護孩子無微不至，還燒得一手好菜，走名符其實的幫夫運。

後來她生了第二胎，是個女嬰，我看望寶寶時隨口說了句：「以後要跟媽媽一樣才貌兼具唷！」只聽她口中悠悠吐出：「才不要呢！女生，要是太能幹太會做，註定是會辛苦的。」那個下午我才知道，原來她一肩扛起所有事的後果就是成了「偽單親」，因為曾幾何時，老公已經從這段婚姻默默缺席，在無聲無息中退場。

常聽人家說：女人當自強。這五個字並非有誤，現代女性確實不該依附別人，要獨立開創屬於自己的人生，掌握內心期盼的幸福。然而，一旦踏入婚姻，欣西亞就不鼓勵大家這麼做了，理由很簡單：**夫妻是生命共同體，妳變強，男人就會變弱，凡事甘苦到自己，爽快就永遠是別人。**

話說二〇一一年我和Shane從美國搬回台灣，礙於Shane是美國人無法迅速融入當地生活，所以舉凡找房子、裝wifi、繳水電、買便當等大小事全由我負責，直到有一天我請他打電話叫麥當勞外送，他直接爽快告訴我：「我不會！」原因是：「我聽不懂點餐人員說什麼……」「怎麼可能聽不懂？你不是會說中文嗎？」

我問。「我只聽得懂妳說的中文，別人說的我都聽不懂！」他回得一派輕鬆。這下，我才驚覺一直幫他做的下場就是我成了babysitter，親力親為的結果就是把「老公」慣成「長男」。

夫妻關係運作的模式往往不是「遇強則強」，而是「誰會做那以後就都給那個人做」，所以女人大多在廚房煮飯，而男人總是在廁所修馬桶。公平的說就是「沒進取心不分男女」。只是吃飯照三餐，而馬桶久久才會壞一次，若是牽扯到照顧小孩就更不用說了，那完全是24小時standby的活。

我聽過太多媽咪抱怨爸比什麼都不做，說真格的，有時候不是他不做，是妳嫌他做不好，做沒兩下就看不順眼。不然就是嫌老公動作慢妳來比較快，人家還沒上手妳就急著插手，剝奪他學習的權利，功夫再如何高深都會被妳毀成廢人。再加上

「為母則強」，有了孩子後女人不停被迫進化，相較之下，男人原地踏步形同退步。仔細思考，他似乎也有他的委屈。所以拜託女人不要當自強，請女人要學習放手，**睜隻眼閉隻眼不是用在另一半拈花惹草的風流行為，而是在他帶孩子帶得驚心動魄和搞砸家務的時候。**

——女人自強不息，男人就會沒出息

沒出息的男人基於對家庭的牽絆愈來愈小，該負的責任愈來愈少，自己不知長進不求進步之餘還說風涼話：反正妳都做完啦！反正也沒他的事！櫻櫻美代子心就這麼野了，褲襠就這麼鬆了，偷吃之餘還不忘補槍：「因為我在家沒地位」、「因為妳讓我壓力很大」。可怕的是社會裡竟還有人會點頭稱是，企圖將男人偷吃合理化。女人的自強，往往成為眾人眼中的強勢、強悍；女人的獨立，則跟「不需要男人」劃上等號。試問如果她們的男人不是廢柴一條，缺乏厚實的肩膀，能做女貴婦手不能提，何苦做女漢子當鐵打？

最後，于美人說：「放手，是最好的祝福。」欣西亞說：「放手，男人才會硬起來。」

10

不結婚，會不會也好幸福？

前面靠北了這麼多關於婚姻的眉眉角角，相信這個標題的答案，大家也自有定奪。不過礙於有人聽音樂不按照曲目，喜歡先從自個兒喜愛的篇幅下手，或是希望欣西亞一定要給些肯定的結論，這樣她們才能拿去對付愛說人閒話的婆婆媽媽，「不結婚，會不會也好幸福？」就請內心有疑慮的人繼續看下去。

在台灣，有老一輩的人相信「有土斯有財，無田不成富」，就有思想守舊的人認為「有結有保障，單身不像話」。擁有自己的房地產，宅男立刻晉升黃金新貴，魯蛇也搖身變成青年才幹，再加上建商財團拚命下廣告置入，媒體就拚命洗腦大家，彷彿沒房就遭殃。結婚也是如出一轍，只要女人未婚，身價再如何高貴都是黃金剩女，彷彿不結婚的人都是滯銷的過季品，是別人挑來揀去都不要的二手貨；再加上好像不買房就是因為買不起，而不是人家不想要，單身貴族的生活品質再高，她都只能淪為敗犬的遠吠。

當了15年的人妻，我深深覺得結婚就跟買房自住一樣。妳在房市中打滾，在房仲穿針引線下終於尋覓到適合自己的家，入主後，滿心期待跟物件相處一輩子；存了好幾年的頭期款是青春，20年的房貸叫責任。然而，有人才走到前幾年就發覺當初精挑細選的房子竟是個渣男，牆有壁癌還狂漏水，排水孔動不動爆管線、馬桶還常阻塞，金玉其外敗絮其中不說，還有惡鄰強占妳車位，明明該是擋風遮雨的歸宿，卻無法作為終身的依靠。結論是買房有風險，婚姻是賭注，有巢氏很風光，已婚婦令人羨慕，但房子住得舒不舒服？這門生意划不划算？是賺是賠只有自己知道。房貸過於沉重扛不起的，人品內在爛得掉渣的，也只能認賠殺出賤價脫手。

當然也是有白頭偕老的案例，只是進場的人多，能 hold 住的人少。

而不結婚就如同租房子，男友猶如物件，雙方交往就像打租賃契約，承租到鬧鬼的、不適合或住不習慣的屋子，了不起就放棄兩個月押金迅速閃人。此舉比綁將近一輩子的房屋貸款還不浪費青春，租屋條件也是進可攻退可守，畢竟沒有要相守一輩子的承諾，看到更好的物件即可隨時換房。少了對一個家的重責大任要背，女人獲得的是生活的品質和寵愛自己的自由，就算人生沒有歸宿又如何？自己賺錢自己花，柴米油鹽的開銷與我如浮雲，時尚衣著、名牌精品、出國度假隨心所欲，日子可以過得比照顧房子的黃臉婆快活。

認真說起來，一樣米養百樣人，百樣人就有百樣選擇。有人覺得租屋比買房划算，就有人認為當屋主比房客有保障。時機成熟、緣分正好，又跟自己情投意合，兩人共同成家立業，一起牽手欣賞人生的日出夕陽、肩併著肩度過往後潮起潮落，是一種滿足。但如果尋尋覓覓就是找不到合適的物件，或能負擔的預算只到蛋白、僻壤區，就算入手，漲幅空間有限，投資報酬率不大，就算晉升有房溫拿一族，看似表面風光，有沒有可能暗自悲傷？

不買房，是一種投資規劃，不結婚，是一種人生選擇，無關房市景不景氣，無關個人熱不熱銷。買房不一定是最好的投資，結婚也不見得保證會幸福，是否適合自己才是關鍵。所以欣西亞在此要鼓勵大家，千萬不要人云亦云，別人說什麼就跟著做什麼，請培養獨立自主的判斷力，並且真心擁抱自己的抉擇，當我們對自己選的路感到自信不後悔，那就一定是最幸福的人。

聽聽 Shane 怎麼說

婚姻是異業結盟，而非簽訂不平等條約

跟欣西亞結婚15年，我常從她那邊聽到很多關於台灣人結婚的事，像：男人婚前要先把房子、車子跟銀子準備好，男人婚後必須扛起養家的責任，有些老公甚至把提款卡交給老婆，生活費直接從他的戶頭提領。「台灣不是很多都是雙薪家庭嗎？那老婆賺的錢呢？」我很好奇，「噢！老婆賺的錢當然還是她自己的呀！」欣西亞回答，聽到這裡我除了慶幸她沒這樣對我，也深深為台灣男人感到悲哀，怪不得很多人寧願當宅男打電動，寧願單身打手槍，也不要娶妻生子，因為實在是很沉重的負擔。

台灣是個詭異的社會，談到兩性關

係總有些不成文的規定：約會男生幫女生付錢叫大氣，女人帶孩子燒一桌好菜叫好太太；老公身為一家之主所以要買車買房給生活費……；其實我對上述設定都沒意見，前提是雙方都有所付出。是說單身的時候帶女生出去，每次都我付錢沒問題啊！只要十次有八次付完錢她讓我脫光光然後射得火樹銀花就好，I pay, no problem!（當然並非所有男人都這樣，但我們確實也不是笨蛋，投資報酬率人人會算，女人不該好傻好天真。）

想要太太出得了廳堂入得了廚房上得了床，另一半就不能只出張嘴，掏錢請幫手打理家務照顧小孩，讓她有時間做SPA寵愛自己，晚上當然有閒情逸致陪開工。說穿了，「想要馬兒好，又要馬兒不吃草」是行不通滴，想要體位千變萬化，那請先讓她有體力你才能通到底。

男人買房養家天經地義，Sure！那跟他老母住女人就不要在那邊氣pu pu，因為那是他出錢買的房子，他當然有權決定要讓誰進來；不想跟婆婆同在屋簷下也行，房貸妳先背一半大家再來討論。結論是，要男人出錢女人就得出力，要男人奉獻女人就要有所犧牲，當然如果嫁Donald Trump（川普）就真的可以翹二郎腿享受退休，但Melania Trump（梅蘭妮亞）的美豔跟運氣不是每個人都有，如同世間的男人都想少奮鬥二十年，但就是娶不到千金大戶，才跟死老百姓結婚哪！（啊不然咧？）

如果妳嚮往婚姻，又不希望婚姻是人生的墳墓（畢竟成為戀愛的墳墓已經夠糟了），我必須很誠懇地告訴妳：「『男女平等』四個字不能像吃自助餐，只選自己想要的項目。」如果不想在婚後被另一半打壓，或避免談錢傷感情，很簡單，公平先從自己做起，而且最好從交往就開始身體力行。並非從此約會都走ＡＡ制，而是有來有往彼此才走得下去。如果他請吃飯，妳可以回請看電影；他請吃宵夜，妳可以付錢買飲料，也許電影票跟咖啡錢少於上館子的餐費，但這是一種貼心的回饋。

如果希望男人大氣，女人首先要懂得

做人的道理，你慷慨別人也不會沒禮貌。又，想套牢一台ATM或長期飯票也不是不行，前提是女人願意把自尊連同洨給嚥下去，反正忍氣吞精的日子習慣了也是種小確幸……吧？（老婆在這裡糾正我說是「忍氣吞聲」，Oops! 我中文還不夠好sorry。）

英文裡有一句話是說：You made your bed, now lie in it. 自己鋪的床自己睡。無論怎樣的婚姻都是個人的選擇，不開心別急著怨天尤人，先問問妳為何會讓自己走到這一步？另外，也別羨慕欣西亞說「嫁給外國人真好不用面對婆媳問題」，我們就是因為「出錢一人一半，感情才不會散」。我岳父常笑我們的關係是「室友」不是「夫妻」，但兩性關係確實需要互相尊重才會長久，我寧願是室友懂得互相，也不願成了夫妻就忘了尊重，我想這也是結婚15年還很幸福的緣故。結論是：婚姻是異業結盟，而不是簽訂不平等條約。既然是異業結盟就要達到資源共用、優勢互補、利益共享，婚姻這個企業才能日趨壯大、永續經營。

Chapter

4

不要怕和世界不一樣

自信、堅定意志，就能朝自己的目標大步邁進，
不要活成別人嘴裡的樣子。

1

他們第一年付你多少錢，讓你放棄那些夢想？

「他們第一年付你多少錢，讓你放棄那些夢想？」這是喬治克魯尼在電影《型男飛行日誌》（**Up In The Air**）面對他即將裁員的人所說的一段話。

老實講，我當時立刻在腦海中想了一下，數字是新台幣四萬五千元，那是我從美國搬回台灣擁有的第一份正職工作。四萬五千元也許很多人會覺得這待遇還不錯，但從我進公司第一年到被裁員的最後一年，數字從沒變過，而且沒有三節跟年終，還要扣勞健保以及中華民國萬萬稅。等於說，我如果沒被請走，在這家公司做到退休，一輩子領的月薪差不多就是這樣。如果工作內容是自己的興趣，或跟夢想息息相關，那至少還會甘願些，但問題就在老娘日復一日重複著自己不是很在意的狗屁倒灶，對老闆交辦的任務常覺得關我屁事！如果當初沒被裁員，四萬五千元便是我人生所有夢想的重量，它只值這五位數字。想想，未免也太廉價。

人們普遍有個通病，交往對象習慣找個安全牌來愛，工作先選得心應手的做，因為那是一種能輕鬆駕馭的自在感，統稱舒適圈。你在裡頭游刃有餘，用不著付出太多就能得到回饋，也如魚得水，閉著眼睛都曉得要幹嘛，雖然平淡，但食之無味棄之可惜。稍微消極的覺得是人生小確幸，較為積極的則說自己是在騎驢找馬，然後對象愛著愛著就覺得這樣的戀情也不壞，工作做著做著便覺得那就這樣吧，只有在午夜夢迴才會偷偷回憶起那個妳得不到卻又忘不了的舊情人，偶爾太閒腦袋放空的時候才熊熊想起胸口懷抱的夢想，但畢竟身處好舒服、好自在的現有環境，你安慰起自己：「愛情跟麵包當然是麵包重要！」「夢想不能當飯吃，還是好好工作比較實際……」結果，自以為如意算盤打得滴答響，直到對方提出分手，才驚覺騎驢找馬的不是只有妳；直到人事部發出資遣通知，才明瞭對工作得過且過的自己早已被取代。

舒適圈並非不好，只是裡頭的人大多看似滿足，其實空虛，因為他們知道人生裡一定有遺憾。舒適圈也不見得是永遠遮風避雨的絕佳港灣，因為人會變，世事難預料，既然如此，它是否值得我們對夢想放棄得義無反顧？

說到「夢想不能當飯吃」，本人也是耳熟能詳，打從我立志當作家，一路上有好多人用這句話對我耳提面命，那我就用自己的故事告訴你：夢想也許不能當飯吃，但路一定是人走出來的。台灣出版環境蕭條，光賣書一定會餓死（想到這裡整個很沒動力繼續寫下去），所以當我被迫放棄當朝九晚五的上班族時，就很明瞭面對的第一個挑戰是「錢」。雖然當初老闆確實沒付我多少錢讓我放棄夢想，但為了夢想放棄賺錢也不是本人的價值觀。於是，寫書之際，我也兼差當英文老師，後來開始跑時薪高的家教，沒想到家長們口耳相傳，家教及其他商業合作案愈接愈多，竟然讓所得數字得到更多成長。

直到現在，寫作、賣書還是沒能支撐我的生活開銷（所以如果你只是翻閱這本書，請你，立刻，拿起這本書去結帳謝謝！）。但因為內心對成為作家的渴望，讓我培養出別的賺錢方法，雖說始料未及，但若沒被逼著上路，若沒有邁開腳下的第一步，就永遠到達不了想去的地方。

漫畫家古谷實說過：「如果每個人的夢想都能實現，那不就天下大亂了？如果每個螃蟹卵都能孵化，不就整個海洋都是螃蟹？」當欣西亞面對想做的事，我的眼前彷彿出現一堵名為阻礙的高聳城牆，想赤手空拳攻下它然後擁抱牆外燦爛的光，亦或是縮著躲回牆內的舒適圈和同溫層互相取暖，端看自己突圍的意志力有多堅定，想奪取夢想的渴望有多巨大。在這個世代，我想已經有很少人會說：「我有個偉大的夢想！」因為它聽起來是那麼微不足道，說出來恐怕還會被人訕笑。但是啊……我必須要告訴大家：就算你的夢想再渺小，你也不該讓老闆用微薄到不行的薪水去糟蹋它，你更不該接受這樣的數字去羞辱自己。城牆內的舒適圈，說實在話也不大，22K、30K、40K……差不多就是這樣了，只要是真心想做的事，那你就有義務去捍衛它的價值。因為你妥協的除了是內心小小的安全感，還大大讓步了自己全部的人生。

究竟，他們第一年付你多少錢，讓你放棄那些夢想？

2

創造自己的價值！你在職場和愛情、婚姻裡多久沒調薪了？

1111人力銀行在二〇一七年針對上班族薪資做過統計，其中有超過五成的上班族3年沒有調薪，有一成六凍薪超過10年，整體平均調薪頻率約4.9年，幅度也僅5%左右，若以就業到退休粗估35年工作年資計算，被動等待調薪只有7次機會。受訪者也表示，一般人能忍受凍薪年限為2年，如果要求加薪被拒，接下來騎驢找馬、打算跳槽的則超過五成。

看到這則報導時，內心實在充滿無限「薪」酸，因為本人回台工作四年，薪水從沒漲過（竟然還超過一般人忍受凍薪的兩年，真不愧是很能忍的金牛座），這跟美國的加薪系統有很大落差，我在LA擔任全職上班族期間，薪資年年調漲，平均漲幅為5％！你們看到這裡應該會覺得：「哇！那很不錯啊！」我原本也是這麼想的，但當我看見公司同部門聘用新進人員，起薪跟我這個已具有三年年資的「老鳥」才差美金一百元，等他明年調薪，薪水就快超越我了。換句話說，老娘倒不如先自動辭職再被重新雇用，加薪還加得比較快，擁有忠誠度的員工敵不過跳槽進來的新人，這個社會到底怎麼了？

為什麼跳槽加薪會比內部調薪來的快？主要是因為你的薪水待遇是在到職的那一刻被人事部依照當時的市場價值做評估，而一般公司的調薪制度往往追不上外頭的價格漲幅，於是同崗位的薪水數字在三年前是2萬5，三年後變2萬8。但如果你是三年前受聘用，按照第一段人力銀行做出「平均每4.9年調薪，平均調幅一次約5％」的統計，你的薪水在近五年後應會是：

$25,000+($25,000x0.05)=$26,250

不過大部分公司會幫你把尾數去掉，所以你最後得到的實拿數字為2萬6整，就算他們很佛心的給你到2萬7，還是遠低於市場價格。所以肖想薪水倍升的人，另尋東家或被挖角似乎比留在舊公司實際。

但跳槽在加薪上就是完勝嗎？那也不一定，這也取決於你的工作性質。俗話說：牛牽到了北京還是牛，有些行業無論換到哪裡就是那個薪水，通常不會再高了。商周雜誌在二〇一六年有篇文章標題為「選錯行的代價：42歲女主管月領5萬，寄百封履歷想『跳槽加薪』，只有六件公司回，還只給35K」，內容直指有些人跟加薪升遷無緣，和努力認真無關，而是和職業類別有關。原來這位女主管從事行政，想去外頭繼續應徵行政主管的職位，然而很多職位一旦在前面掛上「行政」二字，薪水就是拉不起來，因為代表了處理基本業務，壓力少，責任輕。所以，剛進入職場時，要選對工作，35歲後，則要選對生涯。

這句話講得一語中的，欣西亞在第二段提到在台灣工作四年沒調薪，所從事的行業是「補教業」，它就是屬於一個薪水拉不起來的行業，從全職安親老師、美語老師到櫃檯行政人員，幾乎凍薪，所以很多補教老師紛紛出走，選擇南北兼課拚時薪，如果上課學生過一定人數，老闆就會自動再給津貼。於是我看到很多優秀的老師在市場殺出一條血路，建立了口碑，奠定了名聲，還開始兼差上節目，等於幫自己加薪。所以，工作一開始選錯也無須灰心，創造對自己有利的工作生涯才是關鍵。

以上情況，套用到愛情和婚姻也同樣可行。很多人一旦陷入愛情或走進婚姻，便一心一意為對方付出，無怨無悔為家庭奉獻，結果把自己搞成血汗員工，也把另一半寵成慣老闆，他不但對你的犧牲無動於衷，也對你所做的一切視而不見，凡事他不幫忙，只會出張嘴，該給的福利沒有，狗屁倒灶事最多。你以為不計較是好員工，只要使命必達就能加薪，直到某一天你發覺他身旁不知道從哪裡挖角過來的婊子，享受的待遇不但快跟你平起平坐，連自己從沒享受過的三節年終她也一網打盡，更可怕的是為男人做牛做馬多年從未有過什麼員工旅遊，結果婊子還沒正式上班已經先飛出國跟他雙宿雙棲。結論是，你一定讓對方懂得珍惜，否則也別空等了，直接跳槽到更好的東家，搞不好你身價一夕暴漲也說不定。

至於挑男人也像挑工作，不同階段有不同考量。「剛開始談戀愛時，要選對男人，成熟後，則要選對人生伴侶。」年輕時談感情，我認為只要喜歡，那他就是對的人，畢竟青春是本錢，有扣打犯錯、愛錯，就是不要輕易錯過；別害怕心碎，也不用考慮他是否最適合，時間是你最好的籌碼，就算吃虧，下次學聰明就好。到了30歲的成熟階段，對的人生伴侶要有肩膀同時懂得感恩，無論身家再好，沒擔當就是NO素；跟了他你也愈來愈自我肯定，內心充滿成就感，那這個人一定值得一起退休。

無論是在職場或是婚姻，身價都是要靠自己創造，如果不想讓老闆或另一半對自己的付出無動於衷，那就要勇於要求加薪，勇敢為自己發聲。假如明示暗示他們都依然故我，那就考慮要向外發展，反正不做的人最大，不愛的人最無敵，當自己的boss，你就能作主自己的幸福。

3

用行動證明「人生無憾」

二〇〇三年結婚，欣西亞便立刻啟程和 Shane 赴美攜手共創人生。剛開始，兩人都在星巴克兼差當 barista（咖啡師），住在一個便宜又鬧鬼的小公寓，開著兩台破車，沒錢的日子雖辛苦，但也過得很開心。兩年後，Shane 考上美國公務員，我則進入一家公司擔任業務開發，陸續收養了三隻貓，也換了車，生活慢慢穩定，於是我們買下人生第一間房，那是一棟雙層的透天厝，家的樣貌，逐漸成形。

有房有車有工作有存款，當時我還未滿30歲，Shane 還不到35歲，都是適合生育的好年紀，接下來要完成人生清單，應該就是生個孩子，用不著旁人提醒，我們自己也認定：「沒錯！就是這樣！」然而，兩人邊身體力行搜尋著基礎體溫、排卵試紙的相關資料，邊在內心默默感到疑惑：「難道……真的就是這樣嗎？」

當時欣西亞已經出版第一本書《飄洋過海追上你》，在台灣辦完簽書會、跑完一連串宣傳行程回到美國後，我的心像揚了帆的船蠢蠢欲動，前方遼闊的大海像未來，充滿未知，卻也充滿無限可能。夢想正伸出手在呼喚著、鼓噪著，和煦的陽光照耀身軀，自由的風從耳邊呼嘯而過，伴隨著期盼和悸動，熱情逐漸在血液裡冒泡直到沸騰。小小辦公桌已經束縛不了我，我想航行，我想出走，我想遠遊，我想朝作家之路邁進！於是腦海萌生想回台灣的念頭，加上雙親朋友都在那裡，跟父母團聚盡最後的孝心也很正確，畢竟「樹欲靜而風不止」是我最深的恐懼。

比起欣西亞清楚明白知道自己想要什麼，Shane 則傾向於：雖不曉得要幹嘛，但我很肯定現在的狀況不是我想要的。公務員鐵飯碗的形象不但深植人心，也忠實反應在現實生活裡，記得某一次參加老公部門聚餐，我立刻注意到他的同事各個樣貌資深，還有好幾個已經頭髮灰白，可見工作之穩定：一進來就沒人趕你出去，一經錄用就是做到退休。一回家我便把這件事跟他分享。

「真的很棒耶！永遠不會被裁員真好。」我嘴上讚揚著。

「妳不覺得很恐怖嗎？我能從他們身上看見自己10年後的樣子，內心都忍不住感到害怕……」Shane竟然這麼回。

「這種穩定讓我覺得跟等死沒兩樣，那太浪費人生了……」

這下靠北！我們要一起搬回台灣了！（會覺得靠北，是因為如果我的另一半勸阻，我一定不會任性，會乖乖留在美國，怎知道老公也同樣任性，我……果然是嫁給了最匹配的人。）

拿「夢想」這種事跟旁人討論，得到的答案只會「最中肯」，但永遠不會「最中聽」。然後，當我們跟親友稟報要回來台灣時，立刻也是遭受一頓警告和唱衰：「好不容易辛苦建立這一切，現在又全部放棄，太不實際！」

「夢想不能當飯吃，現實是很殘酷的，你們一定會後悔。」

以上評論，老娘確實一句都聽不進去，因為我想不到世上有哪件事比「行動」更切合實際，是否會後悔也不是他們說了算，我只知道：做了，就算結果不如人意，起碼人生無悔！老娘，絕不是為了追求遺憾所以才誕生下來的啊！

就這樣，欣西亞和 Shane 放棄房子、工作和穩定生活，毅然決然搬回台灣，誰說夢想不能用價值衡量？它確實可以換算成數字，以我們為例：買房的資金＋至少30年的穩定收入＋搬家當和帶三隻貓回來的花費，零零總總加起來突破百萬，所以九把刀說：「我買過車、買過房，但我買過最貴的東西，是夢想。」如今，我也做到了。

很多人在得知我倒追 Shane 的愛情故事到為了夢想搬回台灣，最喜歡跟我說：「欣西亞，妳真的好勇敢哦！」實際上，我是個膽小鬼，因為我比一般人更害怕後悔兩個字。所以當遇見 Shane，一旦認定他是自己喜歡的人，我每一天都在大聲說愛，每一分鐘都用行動去愛，每一秒鐘對愛的實踐都毫不保留，所以我可以從台灣單槍匹法飛到西班牙，只為了見這男人一面。我並非喜歡他喜歡到無法自拔，只是不想有遺憾，我對他的愛其實出於愛自己的任性，而天底下有什麼事情比縱容自己為所欲為更來得自私？為了夢想從美國搬回台灣也一樣，如果沒人能告訴我結果會是如何，好歹我用盡全身百分之百的力量試過了、做過了，因為人生只有一次，不容許有任何後悔的餘地。

但是啊……直到三年前回訪美國，當我又再度站在那幢雙層透天厝面前，我竟然哭得像個孩子，那畢竟是人生第一個曾經屬於自己的房子，意義重大，情感也難以割捨。如果它有感覺，想必它一定是為我驕傲的，因為回到台灣的生活，我沒有被顛沛流離的生活打敗，我也沒有因而墮落。如今，我依舊朝夢想筆直地前進，赤手空拳用力敲擊著，每一天、每一分、每一秒。

所以，假如遇上真心喜歡的人，那就勇敢愛吧！如果胸口千真萬確認定某件事就是你該做的，那就勇敢展開行動吧！因為手中擁有的，只有這絕無僅有、獨一無二的人生，沒有下一次了呢！

4

挨揍的本事

You, me, or nobody is gonna hit as hard as life. It ain't about how hard you hit. It's about how hard you can get hit and keep moving forward. That's how winning is done.

沒有任何人能對生活使出重擊，不是出拳的力道有多大，而是當你承受重擊之後，還能繼續前進，這才叫做贏。

這是席維斯史特龍在飾演《洛基》第六集時，說過一句至理名言。很多人認為「贏」的定義就是把對手打趴，奪得第一，出人頭地，因為這才叫人生勝利組。殊不知，真正的贏其實是在遭受打擊後，還能站起來向前邁進。說穿了，「挨揍的本事」是種高強的功夫，含著金湯匙出生的人中龍鳳不見得有，只有沒被挫折打倒，才是名副其實的贏家。

二〇一六年賣座電影《我和我的冠軍女兒》裡頭，當父親馬哈維爾（Mahavir）得知女兒吉塔（Geeta）將和實力及技巧皆在女兒之上的選手對戰，於是給出一套明智的教戰守則：先防守，讓對方猛烈進攻，等她用盡力氣呈現疲態，又因攻不破妳而心生受挫，再全力突擊。他的方法奏效了，吉塔果真將勝利手到擒來。

這套看似只有在摔角場上的策略，也能運用在人生裡。無論是在談感情、就業，或追求理想，我們都會遇上強大的對手，它可能是一道難以解決的問題、可能是一段無法得到的愛情、可能是一道無法跨越的障礙，亦可能是一個無法突破困境。此刻，命運成了最大的敵人，正跟自己肉搏，只是它占上風，毫不留情把你揍得鼻青臉腫。這時，我們要做的，就是防守，除了必須挺過它帶來的創傷和痛苦，也要保護自己不受重傷，畢竟被打趴在地就是出局，你便永遠失去下一場贏回來的機會。

回想欣西亞跟命運交鋒，戰況慘烈的幾個回合，記憶深刻的絕對是當年被無預警裁員。還記得失去工作的第二天，我一個人站在某個高樓眺望，腦海中不停浮現「整座城市好遼闊喔……但我怎麼看不見自己容身的地方？」「房子裡面的人應該都在為生活打拚、為夢想奮鬥吧……為什麼我會在這裡無所事事？」「接下來就沒有收入了，生活要怎麼辦？」被公司否定的挫敗和對未來的茫然在內心無限放大，命運的殘酷拳拳到肉，ouch! 幾乎讓人想舉白旗投降，但我很明白既然目前的處境是挨揍，那就老老實實挺過、撐下去、Hold 住吧！運氣會再度跟我們站在同一邊的。

後來，我努力得到出書的一紙合約，那是我防守後揮出的第一拳，然後是直拳、左勾拳跟 punches in bunches 華麗的逆轉勝。從這個經驗中我也學到「遭受打擊時，先以不變應萬變」是有必要的！如果我當時因為慌亂，急於有所作為，認為打敗命運的方式是立刻在人力銀行丟履歷找工作，也許就不會走上作家這條夢寐以求的道路了。因此，很多時候，「承受」確實是一種應戰方式，「堅持」更是一項贏得勝利的策略。老天爺出招的用意其實不是為了要惡整你，而是給我們第二次選擇的機會，雖然害怕，但希望有夢的人會勇敢把握。

人生本來就充滿荊棘，夢想的道路關卡重重，那是上天為了讓人們變得堅強所設下的考驗，生活本來就不是充滿粉紅泡泡、彩虹跟獨角獸的幻夢，它很現實、很殘酷，而且瞬息萬變，常對你我攻其不備，殺得我們措手不及。但，無論上述帶來的傷害力道有多大，攻擊有多猛烈，是不是讓你摔得渾身是血，有沒有把你揍得灰頭土臉，都請展現出那挨揍時的雷霆萬鈞，像個硬漢般抬頭挺胸支持住！如果你骨子裡有不服輸的基因，就絕對能在這場屬於自己的戰役，完完全全贏到底。

5 轉型，給自己最華麗的變身

多年前還住在美國的時候，我便開始在網路上寫文章，當時分享的是自己倒追 **Shane** 的過程，沒想到引發許多共鳴！很多人因為我的賣力和執著得到啟發，欣西亞的愛情，成為另類勵志故事。後來第一本書《飄洋過海追上你》問世，我的身分從部落客躍升作家，雖然有這樣的頭銜，但我對自己的定位還在摸索當中，對未來的規劃也懵懂無知。直到 **FHM** 男人幫雜誌的編輯找我開 **sex** 專欄，老娘硬生生多了「性愛教官」的頭銜。從此之後，只要文章被轉載，媒體就愛用這個稱謂稱呼我，不知情的人，還以為欣西亞是情色作家，上門找的商業合作也難免歪樓。就曾經有情趣產品的廠商找我合作出「聯名款」，提案將欣西亞的名字和肖像印在上頭，無論男生或女生使用都會溼答答，然後讓我感動得淚流滿面……

於是當我出版第三本書《我知道你愛得很用力，但還是要一巴掌呼醒你》時，編輯告訴我：「欣西亞，我覺得妳該轉型了！不然妳就只侷限於性愛這塊囉！」那種感覺彷彿是一個脫星先把自己剝光，成功吸睛後再被要求把衣服一件件穿回來一樣，「但我如果不寫性愛還有人要看嗎？」我的問題正是脫星會問的：「啊我如果不露奶還有票房嗎？」「這當然要靠更多的努力，看看當年的舒淇，還有徐若瑄……」編輯眼神堅定地看著我，「是！所以我要當文壇的舒淇！」（握拳）

是否變成文壇的舒淇這還要請大家有目共睹（喂！）但事實上，轉型這件事你我都會經歷，有的是出於自願，有的是被迫，有的，則是情勢所逼。好比從美少女跨越到輕熟女、美魔女，從少女轉型為人妻，人妻轉型為媽咪，從家中的掌上明珠，變成別人家的媳婦。沒踏進婚姻的，則是從住家裡的小資女轉型為一個人生活的個體戶。於是，有些人明明轉了型，卻愈來愈不開心，因為這其中有好多的無所適從和掙扎，妳也愈來愈迷失了自己。

轉型的過程伴隨著壓力跟恐懼，畢竟沒人能預料妳是否能成功，妳也不確定是否能將全新的角色詮釋到位，但人生就是一段不停向前跑的馬拉松，停留在原地不會使人進步。既然已經踏上改變的旅程，請儘量放鬆心情，滿懷自信面對，將它視為自我挑戰，期待自己華麗的變身。

像欣西亞在寫作路上，明明一開始只想當個分享愛情故事的文藝少女，結果FHM的邀約，竟讓我嘗試走出不同的寫作風格。我還記得第一篇性愛文的題目是位男編輯出的〈肛交帶妳上天堂〉，深怕自己會被貼上齷齪下流的標籤，當時內心的天人交戰仍然記憶深刻。然而，我也期待這樣的轉型能讓我脫穎而出，於是就硬著頭皮上了。結果，事實證明，我真的很擅長用趣味詼諧的方式描述性愛，成為能跟讀者大方談性的作家，學校也陸續邀請我舉辦性別平等跟性教育講座，這樣的轉型，讓我挑戰成功！

想要說的是，如果轉型一開始讓妳感覺渾身不自在，那就 have fun with it！反正這次搞砸了，下次試著做對就好了。想當初那篇「肛交文」非常慘不忍睹，看過的人都以為我在寫黃色小說，但沒有第一次的嘗試就不會有第二次的修正，那篇文章我偷偷收藏在雲端，現在看見還是覺得很好笑。

另外，轉型時請目標明確，清楚知道妳想「變身」成什麼，才不會人云亦云，別人說什麼就做什麼，最後搞成四不像，也活得愈來愈不像自己。好比我一開始就知道要寫很歡樂、很健康的性愛文，編輯說文字要再辛辣才夠味我也當耳邊風，因為我知道自己要的是什麼。

所以，當妳在轉型成為新手人妻、菜鳥媳婦或單身貴族時，一定會有很多閒雜人等跳出來碎嘴，告訴妳應當如何詮釋，或恐嚇妳如果做這個不做那個就NG，別怕！堅定意志，朝妳要的方向大步邁進，這是妳的轉型，妳決定！千萬不要活成別人嘴裡的樣子。

最後，如果轉型後覺得實在不適合自己，那怎麼辦？親愛的，那就再繼續轉囉！就像欣西亞先從文藝少女轉型成性愛作家，但現在我又要從性愛作家轉型成勵志女文青，寫作之路才能愈走愈寬，妳也是如此。或者，結了婚的人還有另一種選擇，有道是：山不轉路轉，那就是試著要求另一半轉～型～（沒想到還有這招吼？），我聽過太多人妻轉型轉到累死自己，結果問題其實是出在她有個冥頑不靈、不知進取的豬隊友。如果溝通無效，對方也不願合作，大可從已婚再轉回單身，so what？人生是咱們的，自己快樂最重要。總之，請不要害怕轉型、拒絕轉型，因為每次轉型都是美少女戰士華麗的變身，妳，準備好了嗎？

6

人生三不：不務正業、不買房、不生小孩

某天無意間在FB直播和大家聊到欣西亞和Shane的人生三不：不務正業、不買房、不生小孩。「三不」引起大家一陣譁然，主要是普遍社會大眾認為「有銀子、有房子、有孩子」才是幸福的真諦，很多人更視為人生的目標，因此好奇我們小倆口反其道而行的理由為何？是說其中想擁抱這幾點的也大有人在，只不過考慮到現實問題、禁不起被媒體恐嚇、礙於長輩壓力，因此選擇妥協，咬牙背起這沉重而甜蜜的負擔。

在欣西亞進一步解釋之前，先說這是我和Shane為「現況」所擬定的策略，一句話總結就是：還不夠有錢。是的，假使今天突然中了樂透成為暴發戶，我們應

該不會介意買房或生孩子，至於不務正業……是說沒錢都不願上班了，發財了當然「不工作」才是呀！總之，以上三大理由並非絕對，但還是提出給各位參考。

——第一不：不務正業

在LA時，我們兩個都是上班族，買了房，也打算生孩子。回台灣最初，自然傳承了這個「好習慣」，紛紛做起全職工作。只不過勞工權益在台灣多是空談，勞基法猶如虛設，老闆對員工要求天馬行空又不合理，使得Shane撐不到半年就GG，我則在任職期間常拿著法規跟長官據理力爭，下場當然是被請走，資遣費也是吵了好一陣子才拿到。這個狀況讓我們對台灣就業環境心灰意冷：加薪難、慣老闆一堆，認真換算薪資和工時，發覺CP值低得嚇人，於是萌生做自由業的念頭。

變成自由業剛開始內心充滿惶恐，常想著未來會怎樣？錢從哪裡來？然而，路是人走出來的，一旦硬著頭皮下定決心，你就會想辦法開山闢路。之後的發展就是不但沒餓死，收入竟還高過之前當上班族的月薪，靠北這真的有點勵志！不過我也認為是全職的數字低到很容易就突破惹。全職很穩定，但也可能代表薪資穩定到凍漲，「是否值得？」因人而異。但對我們來說，不務正業讓兩人得以做想做的事，雖然壓力更大，但至少是真真切切地在「做」夢，確確實實走在屬於自己的人生道路上。

——**第二不：不買房**

老一輩常說：有土私有財。很多人都認為買房才是安全感的來源，我們當然也不例外，所以在美國置產，回到台灣自然也看起各式各樣的物件，誰知愈看愈心酸。原因是：一、台灣房價不但不合理，還高得離譜；二、買得起的，房子都不適合老年人居住。前者我就不贅述，後者大家則該認真細想，年輕人買房資金本來就不多（靠爸族除外），所以只能屈就中古公寓、位置偏遠、坪數不大的房屋，生完小孩空間就不夠用了，背完二十年房貸人也老了，行動不便還要爬樓梯，疾病纏身還得舟車勞頓才能到醫院，雖說到時再換房就好了，但屋齡老舊或地點不佳的房子脫手不易啊！一想到好不容易存下的頭期款撲通丟下去，貸款大部分都繳給銀行當利息。於是，Shane 跟我轉念：與其這樣，還不如把錢拿去做投資，結果立馬省下百萬還有可觀的利息，投資規劃開始鎖定穩健的美國市場，放長程不衝短期，再加上定期定額，報酬率目前有不錯的成績。

「但是房東不敢租屋給老人，以後你們恐怕沒地方住！」旁人提出看法。但這個問題去養老院、樂活村 check in 就解決了，反正我們年老後一定需要人照顧，請看護也要錢，倒不如入住老人社區跟大家一同作伴。事實上，台灣早已邁入高齡社會，處處充滿著銀髮族商機。說穿了，如果都是一千萬，現金絕對比房地產更讓你更無往不利，人生也會更自由。

第三不：不生小孩

如果說「不生小孩」是因為錢太少，倒不如說是因為我們太過懶惰。畢竟沒錢有沒錢的養法，再怎麼缺乏財力，孩子生了自然就有辦法讓他長大，只是是否能成為國家未來的棟樑就不敢保證了。雖然夫妻倆都曾經在補習班任教，我自認對教導學生也頗為在行，但照顧小孩畢竟不是上下班，打完卡就能重回自由，這對十分在乎擁有私人時間的我們感到害怕。尤其孩子是一輩子的責任，對他們的關心和擔憂不會因為成長而減少，何苦生兒育女來徒增壓力？是說另一半歡起來已經很討厭了啊！

結婚至今，很多人常問欣西亞：「看你們感情還是很好，其中的祕密究竟是什麼？」不可諱言，我跟 Shane 都認為沒生小孩占據很大的因素。並不是說有小孩的夫妻婚姻不幸福，而是我們很了解自己跟彼此：平日假日都一定要睡午覺、出國旅遊總是說走就走、不太喜歡外出所以連看電影都覺得懶、覺得最大的幸福是一起窩在沙發上看 Netflix 等節目，一旦有小孩就會破壞十五年來的生態平衡，好不容易建立起來的默契和秩序也會瓦解。欣西亞和 Shane 當然誓死捍衛家中的幸福和平，如同維持中立國的瑞士也不會輕易參戰。

先總統蔣公曾說：生命的意義在創造宇宙繼起之生命。但在二〇一八年的新世紀，我想告訴大家：去他媽的創造宇宙繼起，生命的意義只有自己說了算。因為人生不會未完待續，也沒有下回分曉，你我都只能活這麼一次，所以別讓閒雜人等，甚至家人決定自己的人生，也不要活在大眾的嘴裡，和大家分享欣西亞和Shane的「人生三不」其實不是重點，重點是你的「人生三不」是什麼？或者，你是否有自己的「人生三要」？想清楚了，就堅定步伐朝那些目標奔馳前進吧！

7 停下腳步，你就不會遇到屬於自己的奇蹟～我和凱蒂・佩芮的故事

欣西亞左手手腕上戴著一支細細的金色手環，並非它的設計出眾，而是上面刻著的一句話：Even miracles take a little time.（奇蹟發生也需要時間）。每當覺得努力看不見回收，很想要放棄的時候，我就會拿這句話來提醒自己：很多時候，不是不（回）報，只是時機未到。人生的逆轉，很多時候是很難說的，而且往往不堅持到最後無法得知。如果將它濃縮成一場籃球賽就不難看穿；我們看過太多開場出師不利，最後竟用三分球追回平手，再奪得勝利的戰役，中途棄權或先行離場，便永遠都無法和勝利並肩而行。

大家都知道凱蒂・佩芮（Katy Perry），那是因為她紅了我們才曉得這個名

字，但你可知道她沒沒無聞的時候，是付出多少努力？這個我和她的故事，要從二〇〇七那年說起。

二〇〇七年，我和 Shane 無意間得知日本帕妃合唱團（Puffy）將在 LA 開唱，當下便買了票，想一睹風采。演唱會七點開始，場地是個小小的酒吧，入場時間並無嚴格限制，觀眾也姍姍來遲，七點一到，場子還沒滿一半，大家期待的帕妃沒出來，倒是出來了兩位歌手，他們負責暖場；第一位是個男生，坐在高腳椅上自得其樂地撥弄著吉他，帶來幾首鄉村樂，沒唱到二十分鐘就下臺了。

第二位出場的，是個長相精緻的白人女生，她染著一頭黑髮，一上臺就對著台下三三兩兩觀眾們很熱情地大喊：「扣尼奇哇」（日語：こんにちは）然而，現場說話嘈雜聲依舊。時間已過七點半，有人不耐躁動，絲毫不給面子，開始大喊：

Where is Puffy Ami Yumi？不過這小女子可沒在尷尬的，她很有禮貌地說：「我知道你們大家都在期待帕妃，她們馬上就出場，但在那之前，請聽聽我的歌……」於是樂團開始演奏，節奏一下，女孩兒便一連帶來幾首輕快的歌曲，唱得是不難聽，但全場期待帕妃出場，因此並沒人特別在意。

我邊觀察周遭的反應邊幻想她的故事，想她是否花了很大功夫才爭取到這暖場的機會？為了這個機會，她可能準備了很久，搞不好還因此每天苦練到午夜也說不定，結果呢？我聽見身旁的人抱怨帕妃到底什麼時候要出來，抱怨歌手暖場浪費時間，我不得不佩服她的勇氣。為了夢想，只要有機會表現、只要能被看見，再怎樣不屬於自己的場子都得奮力一搏。

她一定很希望這個演唱會是她個人的，她也許在想自己到底要熬多久才會出頭？只可惜，我、經紀人，甚至連她自己都不知道答案。後來她演唱完畢，仍舊禮貌地說：「謝謝你們，我是凱蒂．佩芮，如果你們喜歡我的歌，可以跟我的經紀人拿免費EP。」緊接著帕妃的工作人員上場放置樂器，「YA! Puffy !」有人開始興奮地尖叫，好像在對她說：「OK！小姐，謝謝妳，妳可以閃了。」沒有人要拿什麼免費EP，沒有人和她索取簽名，沒有人跟她合照留念，she is nobody, who cares?

這是二〇〇七年十一月所發生的事。

然後，到了二〇〇八年年初，某一天當欣西亞正駕著車要去上班時，我從廣播聽到了一陣熟悉的旋律，然後，老天爺！我簡直不敢相信從DJ口中念出的名字：凱蒂・佩芮。

接下來她的歌曲一首接一首勢如破竹地占領每一個電臺頻道，然後她就從那天沒人在意的女孩變成人人為之瘋狂的Hollywood Superstar。不用說，她不但整個大紅，還紅得發紫！她是凱蒂・佩芮，當初幫帕妃暖場令大家不屑一顧的女生。

今天呢？她在美國流行音樂的地位已經遠遠超過 Puffy Ami Yumi。（然後，誰是 Puffy Ami Yumi 啊？）

「也許今天，我所站的舞台不屬於我，但是將來，我要讓每個舞台都變成我的場子！」我想，就這是所謂的凱蒂．佩芮精神。每當我想放棄自己夢想的時候，我就會想起那天賣力演唱的她。

人生，You never know……我們都不知道未來會發生什麼事。逆轉勝的點會發生在哪個時刻。但，如果停下腳步，你就永遠都不會遇到屬於自己的奇蹟。

8 Make Your Own Miracle

Parting your soup is not a miracle. It's a magic. People want me to do everything for them. But what they don't realize is "they" have the power. You want to see a miracle, son? Be the miracle.

把碗裡的湯分開並不是奇蹟，那只是魔術。很多人要我為他們完成事情，但他們不明白自己就擁有力量，你想看見奇蹟？那就成為奇蹟！

在電影《王牌天神》（**Bruce Almighty**）裡頭，神對金凱瑞飾演的主角說上述的話，這聽起來似乎很抽象，不過神也舉出實際的例子：當一個身兼數職的單親媽媽仍然擠出時間帶她的孩子去足球練習，那是奇蹟；當一個孩子對毒品說不，那是奇蹟……。於是欣西亞也忍不住思考自己能成為什麼樣的奇蹟，我，是否已經做到了？

當我們口中忍不住驚呼：「這是奇蹟！」通常是面對「不可能的事件」發生的時候，像是中了樂透頭獎、抽到飛歐洲的來回機票、成為公司尾牙豪華房車的幸運得主，以上情況發生的比例雖然微乎其微，但一定會有人把獎項抱回家。也就是說，這些事情並非不可能，因為它們一定會發生，所以不能稱之為奇蹟，而叫做「機率」。那到底什麼才叫做奇蹟？它是一個發胖的人靠自己的力量減到理想體重、一個失戀的女孩願意再次相信愛情、一個失意者在生活裡拿到一手爛牌最終逆轉人生，they are all miracles。因為奇蹟不是魔術，無法逆天而行，奇蹟並非機率，不能靠運氣，它是可以創造出來的結果，是堅持下的產物，更是努力不懈後的成績。

每個女生都曾經有「我該減肥了」的想法，理想目標也許是再瘦3公斤、5公斤，甚至20公斤，無論數字多少，相信對當事人來說都是一項不可能的任務！因為絕非輕而易舉，而是難如登天。為了要達到這個目標，就得採取必要的手段如節食或運動。於是，奇蹟並不是在站上體重計發現自己減到想要的體重，奇蹟是當女孩面對眼前裝飾得精緻可口的蛋糕甜食，就算被極度誘惑，卻還意志力堅強地把頭甩開；奇蹟是當外頭寒風刺骨，明明想繼續在溫暖的被窩裡爬枕頭山，卻還是痛苦地選擇換裝出去運動；當跑了第一圈就想放棄直接回家，卻又發揮堅忍不拔的精神完成了第二圈、第三圈……然後最後一圈，女孩的每個減肥行動都是在創造屬於自己的奇蹟，**she's the miracle**。

當渴望的愛情遲遲未降臨的時候，很多人選擇跑月老廟綁紅線，去狐仙廟招桃花，以上頂多是求心安，而求姻緣最好的方法還是要靠自己的力量。奇蹟不是喜歡的男生跑過來搭訕，而是當你膽怯的時候，在自己身後推一把，站在他面前說出了第一聲Hi。記得最初欣西亞和Shane在柏克萊校園邂逅，我正在找學生做問卷練習英文，他的外表和友善讓我一見鍾情，問卷短短5分鐘就做完了，我卻好想再跟這個人有交集。就在他離去前最後一秒，我終於跨越內心滿滿的害羞和矜持，操著既生疏又不流利的英語，非常唐突地蹦出：「Can…can I… give you my phone number ?」老天爺，那對我來說真的是一大奇蹟，但是我做到了！I made my own miracle。

人生裡的奇蹟還有好多好多：它是在被喜歡的男生拒絕後，脫胎換骨變成大正妹，然後帶著自信滿滿的姿態現身；它是在心碎之後，雖然對談戀愛感到惶恐畏懼，卻願意鼓起勇氣給靠近的人一個機會；它是在離開一段無法走到最後的婚姻堅持住骨氣，抬頭挺胸迎接下一個幸福；它是在追求夢想的路上遭受挫折，腦海裡想著都是放棄，卻還是聽從了內心唯一的「再試一次」，接著繼續努力。每一次遭受打擊後的堅強從來不是上天顯靈，而是靠本身的力量挺住，然後不被打倒。當我們被生活中的不如意折磨地殘破不堪，嘴巴叨念著：「奇蹟在哪裡？」其實那股神奇的力量就來自自己本身，只是太多人習慣把它放在口袋，然後期盼著別人的施捨。

魔術是聲東擊西、掩人耳目的做作技巧，機率是靠數學演算出的嚴肅公式，奇蹟不是拿來說服人們加入宗教的誘因，它時時刻刻都在發生，正等著「相信自己」的人創造。所以，動手吧！起身吧！去讓那個離開你的男人驚豔，去給周遭的朋友驚喜，去讓沒看好你的人嘖嘖稱奇！重點是，要讓當初那個心存懷疑的自己瞪大眼睛，這個奇蹟，從頭到尾都是自己才給得起，準備好要他們大開眼界了嗎？

Make your own miracle.

聽聽 Shane 怎麼說

不要怕和世界不一樣

打從學生時期開始，我就是一個非常 follow my heart 的人，這使得我的行為常常脫序，這脫序並非製造混亂，而是不走跟群眾相同的步伐，變成是脫隊的那一個。最具代表性的故事是我畢業後申請上柏克萊大學，因為當時正計劃要出國當背包客，又想立刻出發，所以便拒絕柏克萊的入學通知，毅然決然朝著歐洲邁進。

當欣西亞知道這件事時，她感到很不可思議：「台灣父母絕不可能讓孩子為了『玩樂』而捨棄『就學』，尤其又是這麼知名的學府。他們一定會說：歐洲以後有機會還是可以去，但錯過這次入學，應該就沒有下一次了！」

她還補充台灣人若不遵從爸媽的想法，沒做他們口中「正確」的選擇，將一輩子被唸到臭頭。我想我還滿幸運的，家人只是淡淡地說：「你想清楚就好！」便結束了。結婚後我又再一次脫序，放棄美國政府的工作和穩定的生活，跟著老婆一起搬回台灣，岳父很是反對，也為此憂心不已，覺得我們已年過三十，人生竟又從零開始，實在太過任性。

對於上面兩個故事，全世界多數的人大概會做出和我相反的決定，有些人用常理判斷，有些人則是採納親友的意見，其中只是「聽從自己心聲」的人一定少之又少。要做到跟世界不一樣，並非比一般人都還要勇敢，只是不想讓恐懼、未知和失敗阻止我前進，這個道理就好像大家都知道出門充滿風險：可能會被車撞、可能被招牌砸到，待在家的確比較安全，但不走出去就無法遇上精彩的人事物，也許因為忘了帶傘又碰上討厭的下雨天，那也是一個特別的經驗。人生其實也是如此，用最保險的方式就獲得最平凡無奇，用最跳 tone 的方式過就獲得最有趣刺激，求學就業結婚生子，倘若只是踏著社會期待前進，在我看來那只是在「過日子」，並非我對「活著」的定義。

事實上，我爸媽也都是公務員，在我剛結婚的時候，他們還有幾年就退休了，我常聽見兩人說退休後要開著旅行車去美國各地旅行，平時也不敢隨便請假，每天都在期待那一天的來臨。然而，計畫總是趕不上變化，就在某天晚上，我媽吃飯時被食物噎到，整個人缺氧陷入昏迷，從此再也沒醒來。她走了之後爸常跟我說：「當初還興高采烈地跟你媽計劃退休後的人生，我們真的很傻，其實人生就是當下。」這就是為什麼當欣西亞提出：「想回台灣闖闖看！」我才掙扎了一下就衝了，因為我知道：「如果做了，結果不好那也是一個結果，但如果不做，就只會留下遺憾。」時間不會為任何人停留，而我們誰都不曉得明天會發生什麼事。

從歐洲旅行回來後，我隔年又再一次申請柏克萊，同樣被接受入學，這次我心甘情願去報到，正式成為柏克萊的一份子，也順利取得畢業證書。從美國搬回台灣後，揮別公務員的身分，投入廣告演員的生活，雖然它缺乏穩定，但從中獲得的肯定和成就感令人充滿熱情，我也得以透過不同角色體驗各種人生，反而活得更多姿多彩。結論是選擇跟別人不一樣不見得不好，所以儘管聽從自己的心，然後大膽採取行動。

人生要像一本書，要有很多篇章才精彩。不要輕易隨波逐流，要努力躍出漂亮的水花。自始自終你都是這本書的作者，不要害怕提起筆寫下屬於自己的故事，而當水花在太陽下經過折射綻放出彩虹，那份絢麗和光彩奪目才叫不枉此生，永遠不要害怕做自己，永遠不要怕和世界不一樣。

感謝

結婚15年，也持續談了15年的戀愛

每次只要想起跟Shane已經結婚15年，就覺得難以置信，我彷彿還記得兩人相遇的第一個畫面：他坐在柏克萊校園的長凳上看著書，燦爛的陽光灑在挑染的金髮上……。很多人得知我們的愛情，噢！更精準地說，是我倒追Shane的故事，總會忍不住驚呼：「欣西亞妳怎麼可以這麼勇敢？」我的回答總是：不是比較勇敢，只是很怕錯過、很怕後悔、很怕留下遺憾，所以拚命採取行動，就算結局不如人意，至少也能釋懷而不再糾結。所以，就算害羞，我還是鼓起勇氣上前搭訕；就算十分冒險，我還是單槍匹馬飛去西班牙找他；就算被拒絕很受傷，但起碼這份感情得到一個答案。說穿了，愛情再如何偉大，也沒啥好放不下的，前提是我們在提起它的過程裡都很認真，並且毫無保留。

總之，能跟 Shane 結婚是一個出人意料的驚喜，能走到至今還沒鬧離婚更是，畢竟我跟他正式交往三個月後就「閃婚」了，兩人在婚後才開始相處、學習磨合，男女朋友的模式還沒摸熟，就已經成了老公老婆。於是啊，我們結了15年的婚，也持續談了15年的戀愛。在超過5千個日子裡，我從 Shane 身上除了學到婚姻的經營之道，還有對圓滿人生的定義，所以能在後來放棄投下百萬頭期款而買的房子，能毅然決然捨棄美國穩定的生活而搬回台灣，那是因為我們都不願意在只活一次的生命裡留下遺憾。所以若問我「夢想」，我會回答：光是等待，就沒有實現的一天，太多計畫，也往往趕不上變化，只有做，才叫實踐。只有邁開第一步，才會有累積成抵達終點的一百步。

我沒辦法教妳怎麼愛，但我很樂於分享自己的故事給談戀愛的人一點啟發，我沒辦法教大家如何活出幸福燦爛，但我很樂意用自己的軌跡帶給各位做參考，而在得到愛情踏入婚姻或成就夢想後的人生，如何經營和維持確實也是一大課題。感謝Shane，沒在異國文化衝擊下fire掉老婆，也在一路上教導我許多，我曾經說過：

每個人的背上，都有一支翅膀。要飛得高，就算沒有對的風，只要努力向上拍動，一支翅膀就已足夠。

但，遇見生命中那個人，我們背上的翅膀就成了一對。

他的存在不是幫助我們高飛，而是讓自己在追求夢想的路上，再也不害怕墜落。

將此書獻給總是在人生裡陪我瘋、陪我做夢、包容我任性的老公，還有每一位陪著我成長的讀者，雖然說起來非常老套，但沒有你們，就不會有今天的欣西亞，期許我們一起，邁向人生更美好的下一站幸福。

好女人像毒藥，讓男人惹不起也戒不掉！

欣西亞一巴掌呼醒你之後的犀利愛情真言

作者	欣西亞	Cynthia Rendelman
責任編輯	蔡穎如	Ruru Tsai, Senior Editor
封面設計	兒日設計	Childay
內頁編排	申朗創意	Chris' Office
行銷企劃	辛政遠	Ken Hsin, Marketing Executive
	楊惠潔	Gaga Yang, Marketing Executive
總編輯	姚蜀芸	Amy Yau, Managing Editor
副社長	黃錫鉉	Caesar Huang, Deputy President
總經理	吳濱伶	Stevie Wu, Managing Director
首席執行長	何飛鵬	Fei-Peng Ho, CEO

出版　創意市集
發行　英屬蓋曼群島商家庭傳媒股份有限公司城邦分公司
Distributed by Home Media Group Limited Cite Branch
地址　104 臺北市民生東路二段 141 號 7 樓
7F No. 141 Sec. 2 Minsheng E. Rd. Taipei 104 Taiwan

讀者服務專線　0800-020-299 周一至周五 09:30 ～ 12:00、13:30 ～ 18:00
讀者服務傳真　(02)2517-0999、(02)2517-9666
E-mail　創意市集 ifbook@hmg.com.tw
城邦書店　城邦讀書花園 www.cite.com.tw
地址　104 臺北市民生東路二段 141 號 7 樓
電話　(02) 2500-1919　營業時間：09:00 ～ 18:30

ISBN　978-957-9199-08-7
版次　2018 年 5 月初版 1 刷 ・ 2022 年 7 月初版 8 刷
定價　新台幣 320 元／港幣 107 元

製版印刷　凱林彩印股份有限公司

◎書籍外觀若有破損、缺頁、裝訂錯誤等不完整現象，想要換書、退書或有大量購書需求等，請洽讀者服務專線。

國家圖書館預行編目 (CIP) 資料

好女人像毒藥，讓男人惹不起也戒不掉 / 欣西亞著.
-- 初版. -- 臺北市：創意市集出版：家庭傳媒城邦分公司發行, 2018.05
面； 公分

ISBN 978-957-9199-08-7 (平裝)

1. 兩性關係 2. 戀愛

544.7　　107005968

香港發行所／城邦（香港）出版集團有限公司
香港灣仔駱克道 193 號東超商業中心 1 樓
電話：(852) 2508-6231
傳真：(852) 2578-9337
信箱：hkcite@biznetvigator.com

馬新發行所／城邦（馬新）出版集團
41, Jalan Radin Anum,Bandar Baru Seri Petaling,
57000 Kuala Lumpur,Malaysia.
電話：(603)9057-8822
傳真：(603) 9057-6622
信箱：cite@cite.com.my